鲸歌
我们拥有同样的音频和心跳

美善无翼自在飞

陈志宏 / 著

四川人民出版社

图书在版编目（CIP）数据

美善无翼自在飞 / 陈志宏著. —成都：四川人民出版社，2017.6
（中考热点作家美文系列）
ISBN 978-7-220-10230-1

Ⅰ.①美…　Ⅱ.①陈…　Ⅲ.①阅读课-初中-升学参考资料
Ⅳ.①G634.333

中国版本图书馆 CIP 数据核字（2017）第 129047 号

MEISHANWUYIZIZAIFEI
美善无翼自在飞

陈志宏　著

统　　筹	张春晓　唐　婧
责任编辑	李真真　雷雪梅
责任校对	林　泉　王鲁琴
装帧设计	张　妮
责任印制	祝　健
出版发行	四川人民出版社（成都槐树街 2 号）
网　　址	http://www.scpph.com
E-mail	scrmcbs@sina.com
新浪微博	@四川人民出版社
微信公众号	四川人民出版社
发行部业务电话	（028）86259624　86259453
防盗版举报电话	（028）86259624
照　　排	四川胜翔数码印务设计有限公司
印　　刷	成都国图广告印务有限公司
成品尺寸	145mm×210mm
印　　张	10.25
字　　数	265 千
版　　次	2017 年 8 月第 1 版
印　　次	2017 年 8 月第 1 次印刷
书　　号	ISBN 978-7-220-10230-1
定　　价	30.00 元

目录
Contents

第一辑
最好的行囊

人生处处有山丘。
歌星李宗盛唱道："越过山丘，才发现无人等候。"
古人云：一山放过一山拦。
人生不是一场接一场的考试，而是一座又一座山丘，经受住一次考验，前面还有更高更多的山，等我们去攀登。

第二辑
一尺深的热爱

做任何事都是这样，保持一尺深的热爱。

爱要爱得深沉、执着，但是，在发现爱得无门无路之后，一定要记得抽身而退。

一尺深的热爱，是人生的基本态度，它会护送我们顺利泅渡苦海，抵达成功的彼岸，酣享快乐和光明。

第三辑
父亲的夏日汤

那盈盈的瘦汤汁，映出了父亲生活的不易，耐苦，乐观。
这不是一般意义上的美食，已然成了我的精神图腾，让我敢于在困难面前抬头，在挫折到来时挺胸，在大山压顶之前，仍能保持 37℃的微笑。
我没喝过父亲的夏日汤，但它却滋养我的灵魂，从开始到永远。

第四辑
青瓷油灯

人生处处藏玄机。

“最好”如山障眼，此时的青瓷，彼时的油灯，在有与无之间，在念与不念的两边，水分泾渭，地成南北，看重了，高上天，忽略了，沉入海。

沉沉浮浮，爱爱恨恨，一隔两重天。

人生时时在失去，凡心悟，“最好”永远留在不可及的历史烟尘之中，慧心觉，眼前的一点一滴最为珍惜。

第五辑
无风絮自飞

一个人未来的好坏，在于今天是否努力，但如果生搬硬套过去的经验与方法，无异于荒诞的刻舟求剑。

沉湎过去，躺在过去的功劳簿上，自然会失去内在推力，任你怎么使劲，难免沦落到一事无成的尴尬之境。

无风絮自飞，飘散弥天时，飞出了自己的节奏，自身的韵律，自由的路线，那是世上独一无二的姿态，正如一个个不念过往，打拼未来的你。

第一辑 最好的行囊

人生处处有山丘。

歌星李宗盛唱道：“越过山丘，才发现无人等候。”

古人云：一山放过一山拦。

人生不是一场接一场的考试，而是一座又一座山丘，经受住一次考验，前面还有更高更多的山，等我们去攀登。

江南瓦

瓦是江南的帽，楚楚然，如片片暗玉点缀屋上。

来自泥土，历经火炼，是土里长出的硬骨，是火中飞出的凤凰。

一层一层盖在屋顶，似鱼鳞，又像梯田，晴时挡烈日，雨天淌雨水。偏偏不碍风游过，上瓦与下瓦之间有缝，沟瓦与扣瓦之中留隙，这小小的缝隙里，清风流淌，朗月流银。江南屋有风，当数瓦上功。住在这样的青砖瓦屋里，冬暖夏凉，气韵悠扬。

瓦是风雨之中最玄妙的乐器。风在瓦缝中穿行，声如短笛，拖着长长的尾音，是底气充足的美声。雨点落下，清越激昂，如大珠小珠落玉盘。雨越来越大，击瓦之声，与飞流的雨声汇聚成一曲浑厚的交响。

最美要数檐下滴雨了。像是有一根无形的线，把那雨珠串起来，上连着屋檐最边沿的沟瓦，下系在地上一洼清亮的雨水里。风吹来，雨珠飘来荡去，像个顽皮的孩子，尽情地撒欢，恣意地嬉戏。雨珠稀稀落落，那是小雨；雨珠变得稠稠密密，那是雨势明显增大之故。当檐下雨珠落成一条雨线时，雨就大了，很大，很急。

江南风暖瓦生烟。炎夏的阳光，火一般普照，屋瓦之间，丝丝然，飘飘然，升腾一缕轻烟。此烟如梦，亦似花。烟，其实是光影的折射，给瓦平添一抹动感。日影飘然，烟瓦舞动，那是瓦在跳一支奇妙的日光舞。

江南少雪。真的落了雪，瓦就有最柔美的银白曲线，恰似性感女人着一袭素白的丝质旗袍。融雪，是从水声中开始的。屋瓦上的积雪，化了，一滴一滴，一线一线的雪水，便从瓦上飞落下来，屋檐下淅淅沥沥滴水，其声势，可堪一场中雨了。

岁月催人老，亦使江南瓦落尘泛黑。

天长日久，沙土落在瓦上，叶片烂在瓦间，一层一层，积累着厚厚的光阴故事。偶尔，有种子在风卷下摇落瓦中，抑或在鸟嘴里掉落瓦上，便会长出一丛碧绿的"瓦上草"来。瓦上草是江南古屋的显著性标志，沧桑之间，流转人世的繁华与落寞。

比草更能为江南瓦披绿装的是苔藓，特别是背阴的北边瓦，浓抹淡描，深浅不一。长苔的江南瓦，神似一块暗玉，墨绿，深绿，暗绿，远远地看上去，绿意摇曳，深沉如佛。这种绿，透着深蓝，于是，人们创造出了一个新词：瓦蓝。

江南瓦，没有北方琉璃瓦那种贵族气息，卑微如草芥；更没有琉璃瓦那种流光溢彩，粗粝如土坷。但却是人们容身之需，安居之宝。

只是钢筋水泥，一步一步，把江南瓦逼进历史的暗角。真担心不久的将来，人们用狐疑的神情去探寻：什么是瓦呀？什么叫瓦蓝？

那时，谁还会如我般深情地怀念那一片江南瓦？

2009 年安徽省芜湖市中考语文试卷现代文阅读题文本

萧萧池塘暮

最早知道“池塘”二字为何含义，缘于一副残对：烟锁池塘柳。在老家陈坊，池塘都叫塘，每一口塘都有一个朗朗上口的名字：锅底塘、门口塘、养鱼塘、莲花塘、青山塘……它就像是村里人共有的孩子，每一声对塘的呼唤，经风吹都能传到塘的耳朵里。水草轻摇，青蛙鸣叫，蜻蜓风舞，燕子贴水，波光荡漾，都是池塘的应答。

和故乡的其他风物一样，池塘是极通人性的，年年岁岁见证着村人的喜忧。

“池塘生春草，园柳变鸣禽。”一阵春风暖，池塘岸边各色水草倒挂而长，一根根亲水而去，犹如一串串清脆玉润的珠帘，将蓄满春水的池塘装饰得如梦如幻。积蓄了一冬的力气，妇女们挽起衣袖，在抽枝长叶的青柳下，浣纱洗衣。池塘中央，开始脱毛的水鸭在和煦的阳光下畅游，荡起层层涟漪。鸭儿不时地“嘎嘎”乱叫，声音在池塘上空回荡。远处聆听，像是柳树深处发出来似的，訇訇然，如乐一般美妙。“春江水暖鸭先知”，那一声声呱啼，应是报春的讯息吧！最热闹的要数夜里，无数青蛙齐鸣，叫醒暗夜，那是临产前的阵痛，更是即将身为父母的幸福欢唱。青蛙鸣春，是江南池塘不朽的胜景。

夏日的池塘是孩子们的世界。太阳还在半山腰，孩子们就在池塘里玩耍了。在岸上一个猛扎，静静的池塘便溅起灿烂的水花。孩子们排成队列，挨个儿跳水，珠圆白嫩的颗颗水滴飞入浓密的柳荫里，打得青叶脆响，像是一场急雨。孩子们玩腻了，就在厚厚的泥层里摸螺蛳，在水草里抓鱼。夜幕降临，他们用旧衣服一裹，满载而归。

农人在月满中天时分才收工，钻入池塘，洗去一天的尘与汗，洗去一天的疲劳。人在水里，话农桑，谈天气，是再惬意不过的事了。池塘在一拨又一拨人的折腾下，泥沙翻涌，浑黄浊黑。经过一夜的沉淀，它一早又澄澈清冽，一眼就看得见水里的游鱼，厚软的肥泥，以及泥上的走蚌和挪动的螺蛳。池塘静默、博大，容纳故乡人身上所有的灰土污垢，而它自己永远是碧澄如镜。

秋来水瘦，池塘花容失色，只剩寥寥一些残水，像是哭干了眼泪的小妇人的杏眼。但它依然接纳万物，吐故纳新，洁净如初。农人依然来塘里洗澡，一天胜过一天地喊："啊，水好凉呀!"故乡的秋天，在这一声声水凉的叫喊中，悄悄地不为人知地到来。水凉好个秋。

冬天，村里以鱼闹年，以祈年年有余。每到年终，我们村前村后的池塘都要抽放积蓄了一年的水。一群人赤足在冰冷的泥中捉鱼，笑声在空旷辽远的上空久久回荡。他们不怕冷，俗话说，鱼头上藏了三点火!见了冒火的鱼，还有谁怕寒冷呢?一筐又一筐的肥鱼、小虾、壮螺蛳从塘里往岸上挑，笑声随之在岸上塘里一阵一阵炸响。

池塘鲜活了四季，更鲜活在所有子民的记忆里。而今，再寻如此池塘，也许只有在梦里吧!岁月在风里萧萧如秋木，池塘在现代化的作用下，萧萧至迟暮。

回到陈坊，池塘触目惊心：锅底塘已被人填平，在上面盖了两层楼房，粗粝的土砖和硬冷的水泥在绿树旁狰狞着；门口塘已被淤泥壅塞，深处没不了 8 岁小孩，跳水已是不可能了，及至深秋，不用抽放，水就只剩一线了；养鱼塘里没有鱼也没有水，长满肥美杂草，牛可以在上面行走了；莲花塘深居田畈一侧，早已没有了莲花，还算清澈的残水里，漂浮着各式各样的塑料袋、农药瓶，难以让目光停留半秒；青山塘已不存在，被房子取代了……

我固执地认为，故乡年年难逃的水患与池塘迟暮有关。如果每年有人罱塘，如果池塘还鲜活劲道，雨水可以蓄积在里面，何以在地上泛滥成灾？池塘消退，洗澡成了村人的难题，干旱已是农田的家常便饭，青蛙不再，垂柳作古，水鸭隐退……

与此一起消失的还有田园牧歌，以及让人无法释怀的古典乡村。

“半亩方塘一鉴开，天光云影共徘徊。问渠那得清如许？为有源头活水来。”下一代再来读这首古诗，必得花半天时间来查阅关于“池塘”的注释。“烟锁池塘柳”的残对，也许真的成了空前绝后、无人能对的绝联了。

今天已没有几个人见过池塘的真面目，不久的将来，池塘可能就只存活于词典里，在纸间寂寞地度过它荒凉的来世今生。池塘渐入迟暮，走上了一条不归路。

除了记忆和梦，我们还能到哪儿与池塘见上一面呢？

2011年湖北省武汉市中考语文试卷现代文阅读题文本

江南柳

柳是江南的树精，袅娜的枝叶粗拙的皮，有一颗不灭的灵魂。

水美江南，池塘边、清河岸、小溪旁、大湖畔，一株株柳，长成一首首妖娆的诗篇。水滋养柳，柳妆点水，水柳一家亲。柳叶青青，浓绿处，深藏一片独属于自己的海。皲裂的树干，是一副粗鄙的皮囊，在清水的倒影中，映衬出生命的不易与壮丽。树皮的裂口静静地记录一段段无关风月的旅程，厚厚的，累成生命的沉积层。

翠柳报春来。柳枝抽出第一片嫩绿的芽，江南春就如神来之画师，在大地上泼绿作画。于是，水丰盈了，山朗润起来，远远近近一派青碧。柳之绿，如火种，引来绿染山河，绿得灿烂，绿得香浓，绿得激越。

依依，是江南春柳派生出来的眷恋之态。《诗经》曰："昔我往矣，杨柳依依。"一语道尽绵绵情思。缠绕，是江南春柳衍生出的思恋。"桃红柳絮白，照日复随风。"柳絮飞，飞入原野精妙处，飞入寻常百姓家。"梨花淡白柳深青，柳絮飞时花满城。"一城春色一城絮。癫狂的柳絮，点点轻柔的白嫩，让人无处逃避。白绒的絮是柳树的种子，离树飞散去，将生命洒落在远近各处。转生，尽是如此浪漫而快乐的旅行。

树无言，风有语。柳枝之繁，灿若满天星辰，密如佳丽青丝，春日清风徐来，沙沙如恋人喁语；夏天朗风飘过，呼呼似累牛喘息；设若暴风袭来，哗哗然像孩童喧闹。清人李渔说：“柳贵于垂，不垂则可无柳。柳条贵长，不长则无袅娜之致，徒垂无益也。此树为纳蝉之所，诸鸟亦集。长夏不寂寞，得时闻鼓吹者，是树皆有功，而高柳为最。”年年柳荫浓，岁岁蝉声俏。儿时，爱唱罗大佑的《童年》——“池塘边的‘柳树’上，知了在声声叫着夏天……”没见过榕树，唱词都被我改成了柳树。村前村后，柳树成荫，枝头蝉鸣此起彼伏，嚷嚷着，一刻也不消停。

柳音，是江南水边最美妙的旋律，牧童爱闻，浣纱女爱听，游走在柳下的人们皆乐赏。

柳树天生一个百变之身，枝丫插地即生，无心无意即成林成荫。农人折枝，是实用主义美学，编个枝帽，扎只柳筐，抑或插枝以期长出更多柳来，随手取用。文人折柳，折的不是枝，是情思。“灞岸晴来送别频，相偎相倚不胜春。”“攀条折春色，远寄龙庭前。”古时送别，凄清水边，舟岸两处，不胜挽留的酸楚，离别的悲伤，一任柳枝恣意无声地抒发。

蚯蚓那百变金刚之身，断一截，不是生命终结，反而新生一命。柳是植物界的蚯蚓，是江南的树精，灵魂里潜藏着新生因子，便常插常新，生命在断裂与入土的疼痛中一次次复苏。

江南柳，不只是“无心插柳柳成荫”的淡然，更有“截”后重生之灿然。那年冬天，打抚河边过，但见枝繁的密柳，齐刷刷被锯伐掉浓密的枝丫，光秃秃一截主干，让人心生疼惜。孰料，来年春天，一无所有的“枯干”，竟抽枝发芽，又生猛地垂成娇娆的绿姑娘了。

抒发再生的奇迹，吟咏不灭的魂灵，这不正是江南柳吗？由此就不难理解历代文人雅士，如谢道韫、陶渊明、柳宗元、苏轼、欧阳修、左宗棠、蒲松龄、李渔和丰子恺等，会那般钟情于它了。柳之于他们，有不可企及的人生寄托，无以语传的深层意蕴，潜藏一处升华灵魂的秘密通道。

灵魂不灭，生生不息。江南柳啊，你是水边的精灵，迎风亲水，吟咏生命的乐章。

2011年山东省烟台市中考语文试卷现代文阅读题文本

雨夜的灯光

八岁那年，我跟着父亲赶集卖黄豆。黄豆并不好卖，直到下午，父亲才卖出去十几斤。

开始散集了，集市上的人少了许多。天边的云越来越多，间或还会响起一记惊雷。我扯着父亲的衣角，催促道："爸，快要下雨了，我们赶紧回家吧！"

雨落下来，父亲把蛇皮袋扎好，架上自行车，带我到一个屋檐下避雨。我俩眼巴巴地看着大雨倾盆而下，不知何时才能回家。

夜幕降临，风停雨歇，空气里都是湿透的烂泥味。一脚踩在地上，泥水直往裤脚里倒灌。父亲坚定地喊了一声："回家！"他把我放在自行车横梁上，骑着自行车，摸黑往家赶。走出去大约十里地，路两旁已很难见到灯光，耳朵里除了夜鸟的叫声就只剩风声了。

山道经雨一淋，红土变成黏泥。父亲累得气喘吁吁，再怎么用力，行进起来也是慢如蜗牛。父亲把我从车上抱了下来，让我帮着推车。

一路跌跌撞撞，我们来到了一个让人胆战心惊的三岔路口。这附近遍地坟场，林间的猫头鹰像孩子哭似的鸣叫着，吓得我几乎丢了魂。我赶紧抓牢父亲的衣襟，带着哭腔说："爸，我怕……"

"别怕，跟着我走！只是鸟叫，有什么可怕的！"父亲抓住我的手，安慰着。

不知什么时候，我们前方亮起一盏马灯，暖暖的，亮亮的，像是升在树林上空的一轮明月。

“你们去哪儿呀？”光亮后面的人影问。

“陈坊。”父亲应声答道。

“你儿子多大了？”那人又问。

“八岁。”

“我送送你们吧！”

两人一问一答，把寂静的夜衬得更加寂静。

一路上，那人和我们讲起他儿子的故事。

那年，他儿子也是八岁，一次突然高烧不退，他和孩子的妈妈连夜送儿子去山下的医疗站。因为走得急，忘了带马灯。那天夜里也下了一场大雨，道路泥泞难行。一家人摸黑赶路的时候，不小心跌倒在沟边的岩石上，儿子被摔坏了头，至今反应还很迟钝。

“我不希望再有人在这条山道上摔倒。一到雨夜，没什么事，我就打着马灯出来看看，好让路过的人能看清前面的路。这条路上满是泥巴，路边沟沟坎坎全是硬硬的岩石，要是摔倒了，可真危险啊！”他边走边说。

走了大约五里山路，我的双脚实在酸痛得不行了，就向父亲直嚷嚷：“爸，我脚疼，走不动了！”

父亲一边吃力地推车，一边安慰我说：“就快到了！”

那人二话没说，竟半蹲着让我趴到他背上。他直起腰的时候，对我说：“我儿子，当时也是你这么大！”然后，一路背着我走。

黑夜里，我定定地看着马灯前面那一缕温暖的灯光，把淡红的软泥照得亮亮堂堂，而他一脚踩下去，温暖的灯光里便飞溅起一串红泥来。夜风吹起，让人顿感一阵凉意，我紧紧地贴在他的背上，感受到他后背的温热，心里也热乎乎的。

走出山林，父亲向打马灯的男人道谢。这时，我才看清了他的脸：黑黑的眉毛，浓浓的胡须，一双深邃的眼睛，仿佛流尽了泪……

多少年过去了，那一路的灯光总让我感到那样温暖，让人难以忘怀。

2014 年辽宁省沈阳市中考语文试卷现代文阅读题文本

江南葛

葛是江南的绿仙子，丛丛青碧团团绿，透着丝丝清凉意。

风柔雨润的江南，绿是一幅写意画，挥毫泼墨间，绿光闪亮。这粗线条的绿，不经意间给画打了底子，是序曲，是前戏，仿佛非要衬出个耀眼的惊奇来不可。果然，江南葛横空跃世，方有绿界浓墨重彩的一笔。

江南葛是绿的传奇。细嫩的一茎，破土而出，是不断变长的神奇绿绳，像初醒的孩子，伸胳膊蹬腿，在温润的风中舒展筋骨，快乐成长。触须灵巧，伸向四面八方，留下点点绿痕。看似娇柔，攀缘起来却结实有力，走远攀高，行动干净利索。春风为号角，春雨当军令，一夜风雨轻，晓来新葛灿然绿，满山满坡爬遍，沿街绕屋缠满，哪怕缝隙再小，一个猛子扎过去，燃起一线绿火，訇然有声。

江南葛整肃且自然，地瓜型的三片叶，一主二卫呈品字列，亭亭而立，挺挺而长，多而不乱，密而有序，严明如军纪。藤缠藤，叶挤叶，点点碧绿连成线，合成片，像是给大地铺上一块硕大而软实的翠毯；树吊藤，藤绕枝，像蛟龙腾绿海，波涛阵阵，起伏有致。

葛名的由来，有一个汩汩冒清凉的动人传说。话说东晋升平年间，道教理论家、医学养生家葛洪领一众弟子云游四方，修道炼丹，以期长生不老。这天，他们来到茅山，但见奇峰异石，深幽迂回的溶洞，星罗棋布的清泉绿池，是个修炼的好地方。于是，他们扎根抱扑峰，坐而论道，支锅炼丹。八琼（即丹砂、雄黄、雌黄、云母、硫黄、空青、戎盐和硝石等八种）在丹炉里炼着，紫烟漫漫，毒气飘散，弟子们有了中毒迹象。用什么办法解丹毒呢？葛洪心疼弟子，忙给他们煎服多种中草药，却不起效，陷入无计可施绝境。

天无绝人之路。正当他一筹莫展之际，一个梦让他知道大山深处有种野生青藤，能起作用。于是，他访民探山，终于在山坡上发现这种野藤，用木棍撬，用手指抠，小心翼翼，终于掏出钵一般粗大的藤根，用山泉水洗净，背回抱扑峰。葛洪不畏劳神费力，把青藤根切片挤浆，煮熟成糊后，给中毒的弟子喝。糊喝下，一股奇异的清凉驱散体内的燥热，弟子很快就痊愈了。

野青藤清凉解毒的消息被人们传开了。这本是无名的野生一物，因葛洪的发现而身价陡增。人们为了纪念他，便给它取了个名字——葛。

清凉江南葛，处处是珍宝。入秋风凉，江南葛藤枯叶落，葛兴又葛谢，正是江南人收获的好时节。葛茎采来编篮做绳，葛纤维织布，做成衣帽鞋袜。自古葛衣属珍品，《韩非子·五蠹》云："冬日麑裘，夏日葛衣。"纯天然的质地，清清爽爽，凉适舒心。

最妙在葛粉。隐于地下的葛根，被勤劳的人们挖了出来，洗净晒干，研磨成粉，是清凉下火的良品。现代人富贵病不少，葛粉不仅具有传统的清火排毒功效，对降胆固醇，抑制"三高"，预防老年痴呆，减肥，美容等均有保健疗效。鉴于此，人们将它与人参相提并论，所谓"北参南葛"是也。

一则趣闻读来颇为清心，让人余意悠然。说是清朝派人去美国考察绿化，见一植物绿得神奇，欣喜万分，建议将之移至中国荒漠地区，那将会带来多美的绿呀。他们有所不知，这神奇植物正是从中国引种的江南葛呢。葛的生命力顽强且旺盛，生长迅速，一经引种则铺天盖地，被称为“吃掉南方的攀缘植物”。数十年后，成了“生物入侵”的典型案例，令人生畏。葛在江南，福泽百姓，而移身美国南方却成灾为大害。风物宜静，不宜动啊。

葛非江南独有，辽宁、山东、甘肃、陕西、河南和河北等北方地区也有分布，属绿火般的江南葛最负盛名。江南葛像江南女子一样温婉妩媚，灿然于外，慧然于中，由表及里，清雅无边。江南人爱葛，所以种葛，采葛，吃葛，穿葛，清凉有致，与葛共度美好，和葛一起走向日子的深远处。披清凉于周身，行走舒适更健；化清凉在嘴边，说话轻柔也甜。

恋恋清凉江南葛。

2015 年高考语文模拟试卷现代文阅读题文本

江南岸

一句“春风又绿江南岸”，以绵绵诗意，把岸这一稚拙的江南风物，深深地烙进人们心里。江南文人王安石对“绿”字的斟酌，历来为人颂扬。无心插柳的闲来之笔，不经意间，把江南岸的美名四下里传播开来。

江南水沛。有水便有岸，诗曰：“淇则有岸。”有岸之水，清泠映天，人来人往，心生留恋意；无岸约束，水就成了灾患，驱人逃离，害人不浅。江南水美，岸功不可没。

或宽或窄的一段，或绿或黄的一圈，或曲或直的一条，江南岸从水边延展开来，将碧绿的柔波，暖暖且软软地拥揽于怀。水的柔情意，衬出江南岸的大胸襟。造字先生把“伟”字和“岸”字并连一起，便有羡人的高度，耀人的宽度，神奇且美妙的深度。

唯美江南岸，绿意盎然，草树轻摇，轻轻浅浅的一线，是画家明丽线条的起点，如水雾中沉睡着的五彩梦，又好似记忆里散发着怡人芬芳的黑白片断。

江南岸与水密不可分。水，失魂地漂游，它的名字是汽、雾、霜、雨、冰和雪。游子思归恋家，水漂流在外，大地是它永远的故乡。流水无情，大地有意。大地宽厚的胸怀，接纳回到故里的水。水自涓滴始，在大地上欢蹦乐跳，江南岸一路护送，累积成流，曼妙的身姿在塘溪沼潭里妖娆，在江河湖海里娇媚。

因水而生，依水而活，江南岸唯以依绿染翠相报。绿，是江南岸迎风飘展的经幡，由内而外，净明通透。水草是少不了的普通饰品，生在岸上，倒挂水里，有坚贞的骨血，更具水样柔性肌肤。岸边的树，柳居多，乌桕、苦楝、白杨、皂角和合欢也不少见。树的挺拔，映衬岸的魁伟；树的风姿，增添岸的厚实。

秋冬时节，水瘦下去，江南岸在风中展露嶙峋惨白的骨肉，那是水一点一滴侵蚀的结果。你进三尺，我退一米，江南岸看淡荣辱，自是不会患得患失。岸绿岸黄暗自春。秋冬时节的岸，不畏水的耻笑，春夏之季，不忌水的冲刷，坦然接受水的捧杀与棒杀。

江南岸为水而生，以水为美，和水交缠到白头，不论春秋冬夏，永远不离不弃。多情亦是大丈夫。江南岸超越世俗眼中的魁伟，风情万种，极尽缠绵意。

亲水的江南人，爱恋江南岸。农夫荷锄扛耙牵一头走得四平八稳的水牛来岸边饮水；女子步履轻盈，提篮衣物去岸边浣纱；孩子脱得赤溜精光从岸上一跃入水，过了好半天才在水中央浮出水面，惊飞一群鸭；渔夫和船家驾一叶扁舟在水里穿梭，水上的日子，绵长而味足。

生在江南，对于岸，心有千千结。我家有块田在北港（本地的俗称，即向北流去的河）岸边，年年崩岸，都要毁掉一部分水稻。父亲望着塌陷入水的岸，欲哭无泪，扶锄垒起一条新的田塍。我站在父亲身边，无限伤感地望着坍下去的岸，说：“怎么会这样？”父亲向着河水冲着风说：“去的只管去吧，留下的总要珍惜。”

就是这条岸，在我青春岁月，引爆对远方的渴望。1993 年正月初三，我从此岸出发，背对着家，走向远方。越过河上的一座桥，来到彼岸，沿岸向家的方向折回。披着朝阳去，眼看夕阳西下了，却找不到回家的岸。

——原来，我踏上了此岸彼岸之外的第三条岸。

多年后，我读到巴西作家若昂·吉马朗埃斯·罗萨的后现代主义小说《河的第三条岸》，回想当年的轻狂，不禁莞尔。河的第三条岸，到底是什么？是污浊的世界，还是无忧的天堂？是无法摆脱的不幸，还是不可避免的宿命？关于岸的寓意，延伸开来，有无穷的可能。

江南岸带给我奢华的视觉美感，实实在在的益处，离家多年后，经由罗萨先生开化，又引领我进入自由的思想之境，让我在形而上的王国快乐飞奔。

念念江南，亲亲我那梦中的江南岸。

2016 年高考语文模拟试卷现代文阅读题文本

慢十分的生活

一个人回乡过年，住在父亲遗留下来的老宅里，吃在远近堂嫂们的家里。屋子已近而立之年，比我小不了几岁，满满地盛着我儿时的记忆。滋味醇香的饭菜，丝丝缕缕有我熟悉的家乡味道。

村居的日子，如天边的闲云，慢慢浮游慢慢飘。

黎明，窗外黑沉如墨，似有烛光划过，透出微弱的白亮，由暗而淡，由淡而明。此时，夜鸟鸣歇晨鸡啼，像是禽鸟的叫唤转动了光影的旋钮。日影是有脚的，一寸一寸温情地丈量村庄，从房屋上的青瓦到大地上的细沙，临幸而不遗。斜阳轻铺于冬日荒草上，影动之际，折射出亘古不变的苍凉。西天晚霞艳红，一天一地的暖意衬出今时今世的安详。

晨昏轮换间，静，是乡村唯一的填充物，是乡间不变的主题。夜里寂静，白天安静；鸡鸣犬吠时恬静，莺啼燕鸣时幽静；人来鸟不惊的宁静，我自欢心我自在的沉静；静静地，静静地，风飘日移，迎晨送昏，静静地，静静地，独坐幽里，安享宁谧。

数里外，汽车的喇叭声，刺耳惊心；身边鸡鸣鸟叫小儿嬉戏，天籁洗心。檐下滴雨嗒嗒嗒，风掠枝叶沙沙沙，沙落屋瓦，莺燕呢喃，鼠窜楼板，落叶追风，蚂蚁搬家，人过街巷，唤儿喊妈……细微而悠长的乡村之声，清甜入耳，温暖入心。

空气像洗过一般，泥土草木气息，扑面而来。一缕炊烟起，一声爆竹响，这味儿里又多了一分生活的喜乐。

时光缓缓流淌，风吹过千年河流，掠过百年老宅，也拂着新修的水泥路面，细细的春雨浇过儿时的我，也淋湿现在的我，浇透日渐颓败的乡村。

这样闲淡的日子，少不了要翻书。书是几本闲书，够不上荡气回肠，却也滋味悠长。风雨屋檐下，融融春光里，西窗灯影中，翻几页书，回味几个短长句。时光恬淡，人生冲淡，日子是如此宁静而安详。睡前翻一翻，人来前客走后，胡乱翻翻，翻出几许人生清欢。

也不能不写字。无须谋思宏大主题，修辞结构条理层次之类统统勿理勿念，往木凳上一坐，翻开软皮抄，随手写几行随心的文字，泼洒心香，挥发逸兴。

更少不了去田野走一走。重走儿时的上学路，重温少年时劳作的田地，过一过当年十分惧怕的古老木桥。是重温，亦是身心匍匐大地。

自家地垄上，儿时那棵硕大的樟树，这会儿大得出奇，我一人搂抱不过来。母亲嚷嚷要卖，被我呵住。树是我成长的见证，我远离了家乡，树可不能挪移，无端地受苦。它是故乡的一部分，是不可分割的故土盛景。

这个江南不起眼的小村陈坊，是我出生的地方，在这里生活了二十多年。走出这里时，我是故乡出产的一枚青涩果，如今归来，已鬓发斑白，人届中年。这是我的根。落叶要归根，人要归故土。

现实很残酷，故乡已非久留之地，我不得不要离开，去到城市，那里有我的波澜不惊的生活。带着思念，我开车出了村，前方是喧闹的城市。

来时，我带的腕表走时正常，离开老家陈坊的时候，分针延后了十个刻度，慢了十分钟。看着后视镜里的故乡，我那珍贵的慢十分的生活，渐渐隐入高大柿树掩映的村庄里。

2016年中考语文模拟试卷现代文阅读题文本

唧唧堂前燕

春来风暖，故乡的燕子是一把把黑色的剪刀，爽脆地剪去一冬的寒枯，剪来一片大好春光，一个繁花似锦的新时景。

小时候在乡村，见过不少鸟儿，大都说不清它们的名字，只能凭借独特鸣声，认出布谷、斑鸠和燕子这三种。麻雀倒也识得，只因它多，时时处处皆能见其身影，多到大有忽略其存在之意。麻雀无心却也效果良好地提醒人们它的存在。相对燕子而言，故乡的人们是不喜欢麻雀的。它春日害稻种殃秧苗，夏秋与人稻田争食，抢夺穗上金黄谷粒。散落乡间各处的稻草人，主要是防麻雀。吓唬吓唬就行，人们一度将麻雀列为“四害”而无情打击，就有些过了。过与不及，都不好，害人不浅。

秋去春来的燕子，雨前返乡，堂前筑巢，叽叽喳喳，人们亲切地唤作“家燕”。小时候，母亲这样翻译燕鸣的：“不要你的油，不要你的盐，只要你家梁上的一个枝!”最为传神是这“枝”，燕叫声声，婉转悠长，不论前曲的长短，也不管内容几何，最后定是以“吱”声作结收尾。

春燕归来时，人们的心情是好的，笑容是足的，梦想大门洞开，开启一年的好愿景。乡民少有人知晓“似曾相识燕归来”之类的诗句，浪漫不归他们，但不妨他们放浪形骸于春光里。不懂诗意的他们，在暖融春光中，和春燕一道，用自己手中的锄头，用精耕细作的方式，在大地上吟诗作赋。

燕是所有鸟雀中与人最亲近的，乌黑通灵，与人睦邻友好。它筑巢于堂前，安家于人居，繁衍子嗣，培育后代，并由此启程前往辽远的南方之南。春来秋去，秋去春来，情牵心系故里，往来不绝，燕子在岁月轮回中，生生不息。

家燕是吉祥鸟，没有谁家不盼它念它喜欢它，哪怕它也会带些烦恼来，比如打燕巢里落下沓沓白稀泥般的燕粪。也不会在意，若嫌此有碍观瞻，人们就会在巢底下安放一小块挡板，一劳永逸地除去烦恼。偶有学飞的或失足的雏燕扑落于地，孩子们喜欢抓来玩耍。大人瞧见，必会呵斥，小心从孩子手里托回小燕儿，爬上楼梯，送它回巢。

小时候，我一堂姐，心喜雏燕，总是在燕妈妈出去觅食的时候，取一燕宝宝捧在手里，用爱怜温柔的目光打量它。估摸燕妈妈快要飞回，又悄悄地将之送回巢。她不嫌烦琐，只贪恋与在手的燕儿那一相视的温柔。

燕鸣晨间，声声甜脆声声暖，呼唤沉睡的乡村，催人勤勉。阳光下，风雨中，燕燕于飞，是乡间宁谧的标志风物。夜来，燕声愈来愈温软，应着远远近近的犬吠猫叫鸡啼，和着身边孩子的磨牙，夫妇的呢喃，好一派宁馨乡景。

父亲对燕子情有独钟。购买家庭特大件——自行车的时候，各色牌子都不要，只选“春燕”牌。这部自行车，是我们全家的骄傲，承载着父亲的希望。父亲骑行“春燕”，从贫寒出发，引领家庭驶向幸福。一路走来，“春燕”伴着父亲，春燕陪着父亲，不了的春燕情。

燕去燕又归，那个燕归的春夜，父亲遽然而去。这个原本幸福祥和的家，从此塌了天，陷了地，不复完整。从此，母亲独守偌大的空屋，堂前燕不懂人心事，依旧鸣叫得欢。燕去燕会回，而父亲去后，怎么就不复归来呢？思来想去，潸然泪下。

母亲断断续续来城里和我居住，老屋就空了，大门一锁，家燕有家不能回。

人世间，悲莫悲过有家难回。燕儿们何尝不是如此呢？

2016 年高考语文模拟试卷现代文阅读题文本

樟香满城春

古诗云："人间四月芳菲尽"。人间四月天，桃花谢了，一粒粒青嫩细圆的果子满满地缀在枝头；桐花也谢了，叶绿起来，阔起来了，忙趁春日把浓荫备好。就连满天星一样碎红石榴花，也化身累实的果，骄傲地挂在绿叶间。

暮春时节，敢问花繁何处有？或许，只有人工培植的玫瑰、月季和睡莲诸种，红的红，白的白，粉嫩无香，勉强打起精神，延续花灿的尾声，陪伴春天最后的疯狂。

春深芳菲尽时，樟树粉墨登场了。先是一片一片的落叶飘下，在大好春光里，造出凄婉秋景来。一场春雨一场暖，阵阵春风樟叶飘，旧叶落尽新叶出，等到片片枯黄硬脆的叶随风四处飘，枝头嫩绿柔软的新叶，在春雨里沙沙吟诗，迎春风哗哗欢唱。歌诗之后，樟花开出不起眼的淡黄粉黄，香也淡淡，却执着得很，星星点点散发开来，由花蕊而出不走样地追风飘远。远远近近的人们如沐香浴芳，享受难以言说的美妙。

香樟树的香，不仅是树干枝叶间散淡开来的独特气味，亦不是由此提炼而出的樟脑丸的味儿，更为地道的，是樟花的醇厚绵密的馥郁。

一直以为，独特的樟香是樟树蕴含深沉的本源。却不料，樟树也开花，花香浓时，送春归，迎夏至，仿佛是特地为躁动的夏而精心演奏出的浓烈序曲。

樟树是我生活的城市的市树，再普通不过的绿化树种。这里的人们，再怎么树盲，也认得河边柳和街边樟。正因寻常，随处可见，难免视而不见。每每春深，樟叶飘尽，香溢满城，总被我误认为是他花别树所赐。

暮春的一天，走在香韵袅袅的街头，一对母子有说有笑走在我的前面，像是春天里的一首小诗。

只听见孩子问："妈妈，我闻到了香味，是什么香呀?"

母亲很肯定地说："是花香嘛!"

一听就知道似我般迟钝于香味的一类。

孩子小手指着香樟树说："我觉得香藏在这树里面。"

妈妈说："怎么可能呢，这是樟树，它的香要提炼成樟脑丸才可能闻到的。"

和我当初的想法一模一样!

孩子有些恼了，说："没有其他的花，怎么会是花香呢? 不信你抱我闻闻这樟树吧!"

母亲把孩子抱在手上，和孩子一起闻碎小的黄花。母亲像是突然醒悟过来一样，惊叫："咦，真是樟树的花香啦!"

孩子和母亲放声大笑，把春光都揉搓进来，制成精致礼品，馈赠给风中的香樟树。我也把鼻子凑到樟花里嗅，厚实的香在鼻腔里扑腾开来，不由得醉倒在这无尽的清香里。是孩子的发现，让我知道樟花溢满香。

春深春且尽，樟香溢满城。

2014 年中考语文模拟试卷现代文阅读题文本

生息有缘

松茸身居野生菌金字塔的顶层，身价不菲。

天地之间，高贵者大都脾性不俗，横挑鼻子竖挑眼，松茸亦如是。生长地选得绝，只长在云南香格里拉高海拔的原始森林中，又特别矜持，只在短暂的雨季抛头露面，平时难觅芳踪。

单珍卓玛随母亲采摘松茸已有些年头了。小时候，松茸遍地开花，摘回来用酥油炒着吃，是山里人的寻常美味。如今，食尚自然，松茸成了餐盘上的珍馐，为大都市的食客们所竞逐。物以稀为贵，在大城市高档餐厅的菜单上，一份炭烤松茸标价近两千元。在茫茫原始森林，单珍卓玛和母亲得走上一公里才能采到一朵松茸。一天下来，要赶几十公里山路。受这样的苦累，她们心无怨愤，唯有感恩，感谢上天恩赐，让她们一家在雨季凭借采摘松茸就能获利万元。

母亲从小就教导单珍卓玛，采松茸的时候，下手要轻，避免伤到地底下的菌丝，采摘之后，要把松动的土连同枯萎松针轻敷回去。保护好菌丝，才能源源不断地从山里收获这一人间珍宝。一直以来，卓玛都是这么做的。

包根基是浙江省遂昌县农民，家里有片郁郁葱葱的大竹林。冬来新笋在地里萌发，新春一场暖雨，像是士兵听见号令似的，便齐刷刷地破土而出……挖冬笋是门技术活。老包是这方面的行家里手，冬笋长在什么地方，一锄下去，准能挖到。不是火眼金睛，亦非竹仙，他的判断源自竹鞭的长势。顺着竹鞭挖，开始是使蛮力，接近冬笋时，为了不伤根，轻刨轻取，像是面对一款名贵的青花瓷。

根不断，冬笋方能取之不尽，用之不竭，江浙名菜“油焖冬笋”才能鲜活于人们的餐桌上，永不谢幕。

七旬高龄的石宝柱是老渔民了。

15 岁开始，他就在吉林查干湖里打鱼，谙熟水性鱼性的老把式，被人们敬称为“石把头”。老石的拿手好戏是在寒冬冰封的湖面上凿冰下网捕鱼。在这种情况下，捕鱼的多寡全凭经验和运气了。

一般来说，老石出场，收获小不了。起网了，一条条肥鱼在渔网里活蹦乱跳，一水儿肥硕的大鱼呀，没有一条小的。奇怪吧？一点儿也不奇怪，玄机藏在渔网里。6×6 寸的网眼只能网住 5 年以上或者 2 斤以上的大鱼。那些低龄小鱼，都成了漏网之鱼啦。千百年来，网眼的这个尺寸是查干湖渔民约定俗成的规矩。他们深知，唯有保护小鱼，才可能源源不断地捕获大鱼，不致枯竭。

在纪录片《舌尖上的中国》中，我认识了单珍卓玛、老包和石把头他们，这群可爱又可敬的人以自然为生，与自然亲近，悠然地活在自然中，潇洒而自在。张爱玲说过，因为懂得，所以慈悲。他们懂得生灵之不易，故而以慈悲之心猎取，以感恩之心消受。

在人类居住的这个星球上，没有什么东西能经得住我们毫无节制地索取，否则最终它们会以缘尽的方式，决绝而去，像恐龙那样彻底消失在我们的视野。因为人类的贪婪，地球上每 20 分钟就有一种物种消失了——多么可怕的现实！那些可爱的生灵，被人类生生逼上单程道，无奈地走了，永远不会回来。悲剧的发生，只因人的欲望。

当这个世界只剩下人类的时候，我们还有什么意思，地球还有什么意义呢?

郭尔罗斯蒙古族有句古话：“猎杀不绝”。多么富有深意的四个字啊!手下留情，对自然自会施以温情与宽厚，留有生机，任怎么猎杀也不会尽绝。猎杀不绝，才会留下希望。如果说我们的心是一张网，就应该像石把头那样，将网眼定义在6×6寸的仁爱宽度。收获，但不赶尽杀绝；为己，也利于他人。让生息之源从我们心的网眼里漏出去，放生灵一条生路，为爱创造活路。

——生息有缘，善待自然。

2016年高考语文模拟试卷现代文阅读题文本

一滴水的温暖

一滴水，承载着无比的重量，可心的柔；一滴水，透射出一种幸福的温度，奇异的暖。

一滴水，凸显节约。有一幅宣传画，现在已深入人心，在一片干裂的土地上，只有一滴水艰难地落下，水之上，是人类那透着绝望的眼睛。一行字，声声如泣：如果不珍惜地球上的水资源，那么，最后一滴水，就将是我们的眼泪。的确，水是用钱买来的，但是，水作为一种资源，浪费之后，就将永不复回，覆水难收。一切生命，都有水在汩汩暗流。人们苦苦寻找外星生命，努力的方向之一，就是要找到水。水是生命之源，缺水，枯亡是唯一的结局。然而，环境一天天污染，气候一次次异常变化，水，已被人类搅得无法安生，命运难料。一滴水，弥足珍贵。节约每一滴水，于我们而言，是文明的传承，是内心的珍视，万古长青，融汇于小小的一滴。

一滴水，彰显圣洁。有一道脑筋急转弯题，想必大家都能答对：请问，什么东西越洗越脏？对，就是水。水能驱除污垢，涤荡万物，水能降沙除尘，清洁世界，哪怕自己污浊不堪，哪怕自己蒙混一片。净是水的境界，时间是澄净的利器，终有一天，污水会变清，尘埃沉淀成泥。

生而为人，像水一样，努力驱除污秽，清扫尘埃，由身而心地保持洁净，“质本洁来还洁去”。一个人，保持水一样的纯洁，心不贪，手不伸，坚守自己的良知，守护道德底线。并由此上升到另一高度，制止不良行为，清除一切行动上精神上的污浊。圣洁如水，是心的境界，精神的珠穆朗玛。

一滴水，坚韧如斯。有一则哲理故事说，智者往瓶子里放石块，一两块便充盈如实，再放沙粒，三四把便填满石缝。智者问路人：“瓶里还能装进东西吗?”路人摇头。智者笑了笑，接着往装满沙石的瓶中，倒进满满两杯水。这就是水呵，看似无处可容，仍流得进去，安坐如佛。坚韧如斯，当是一个人追求的境界。别以为没空学习，其实，挤一挤，时间总会有的。别以为琐事就忙不完，把效率提高，于游刃有余之中，张弛有度。关键是，我们要坚韧起来，要像水那样有一股钻劲，有一种永不服输的气度。

一滴水，低调入世。天下的水，都由高流到低，一直低到尘埃里，低到人们看不到尽头的大洋里。水一路向下，一路奔流，亦是一路自在，一路观景。向下，向下，再向下，水永远低调处事，冷静处世，它不攀高，不比阔，汩汩东流去，一心只慕一个容身的低处。低，能通往如海般深沉、辽阔的至境。一个人，如水般低调入世，定会心安天地宽，人生好景任徜徉。像水一样，低调做人，低调入世，就会有单纯的快乐，别样的幸福。

水是一种精神，水有一种境界。像水一样活着，给这个世界雕刻希望，留存洁净，烘托温暖。一个人，有水一样的至情至性，水一样的宽广胸怀，水一样的坚忍顽强，就会有水一样的温暖，暖人心，暖世界。

2014年中考语文模拟试卷现代文阅读题文本

流水不争先

10 岁那年，我上三年级了。村里流传这么一种说法：读书读到三年级，爹妈管教要加紧。开学之初，村小的老师来到我家，对我的父亲母亲说：“你家的伢子读三年级了，对他的学习要抓紧一点，管严一点，三年级是一个关啊！”

此后，我去上学的时候，母亲总不忘叮嘱一句：“在学校里要好好读书！”在这之前，她总是这么说：“在学校里莫跟别人打架！”

一个星期天，母亲提着桶子到门前小溪里去洗衣服，我夹着语文书也跟了去。我坐在溪边一块岩石上，捧着课本一本正经地朗读。

母亲停下手中的活，对我说：“宏仔还在看书哇？”

我说：“是啊，老师说要抓紧点嘛！”

母亲指着溪水说：“古话说得好，流水不争先。读书不能靠一时性急，想读就猛读一气。你看，这水慢慢地流啊流，它不去争先后，而是在一点一滴地积蓄力量，到时候，有力量了，还在乎什么先后呢？”

我问：“妈，你是不是不要我看书啊？”

母亲说：“不是不要你看书，而是该看书的时候就好好看，该玩的时候就尽情地玩。你越要争先，越争不到先，做什么事都要慢慢来，一口吃不出一个胖子!”

母亲的话一说完，我就扔下书本，一头钻到皂角树林里，采摘皂角。在我看来，那是再好玩不过的了。那个阳光灿烂的上午，我在皂角树上尽情地享受着玩耍的快乐，母亲洗好衣服的时候，我的衣服兜里装满了青嫩的皂角。

从此，我的脑袋里装下了这么一句话：流水不争先。

2015 年高考语文模拟试卷现代文阅读题文本

父亲就是打破神话的那个人

他五岁的时候，不幸患了小儿麻痹症。乡卫生院的医生对他的父亲说：“你就别浪费钱了，到县城买个好点的轮椅吧。他这一生肯定要在轮椅上度过。”

他的父亲沉默良久，吸完了一袋烟，背起儿子一个劲地往县城赶。县医院的医生把话说绝了：“你就是把儿子背到北京去治，也站立不起来。”

12岁那年，他坐着轮椅，去学校上学，端端正正地坐在小学一年级的教室里。他的成绩不算好，但音乐老师喜欢他，夸他乐感好，嗓音也不错。夸过之后，音乐老师又无奈地摇摇头自语道：“一个残疾人，要想唱歌，难啊！”

一天，他对父亲说：“爸，李老师说我的歌唱得好。我想唱歌！”在村里，健康的小孩都不敢抱有唱歌、跳舞这类学艺术的念头，他的这一想法一时被传为笑谈。村里的人众口一词：“他想当歌星？讲神话哟！”只有他的父亲把他的想法当一回事，认真地说：“儿子，只要你有这个想法，我就一定要让你成为一名歌星！”

他的父亲把他背出了山村，背上了火车，直奔省城。他看见了山外精彩的世界，抑制不住内心的激动，在父亲的背上一路高歌。

当这对父子站在师范大学音乐系主任家门口的时候，城市已是万家灯火，奇异的饭菜香冲进他们鼻子，一整天没吃东西的他们越发感到饥肠辘辘。系主任把门打开，他父亲立即跪了下去，央求道："主任，我儿子有音乐天才，求你收下他吧！"

系主任惊讶地问："谁说你儿子有音乐天才？"

他父亲说："我们村小李老师说的。"

系主任骂道："神经病。"

他们离开了师范大学，茫然地行走在陌生的城市。

他俩走了很多地方，敲了很多门，都被人冷冷地拒在了门外。他的父亲依然没灰心，背起儿子又踏上了新的求学之路。他们的真诚和执着终于打动了一所民办高校的艺术系主任。他成了音乐班免费的特招生。

经过一年的正规训练，原本资质不算好的他在学校赢得了"歌王"的美誉。他翻唱郑智化的《水手》曾让无数听众为之动容。

离开学校后，他对父亲说，"我要去北京唱歌！"他父亲二话没说，把他背到了北京。他拄着杖跑场子，一声又一声歌唱着美好的生活。

几年过去了，他成了业内颇受欢迎的"地下歌星"，凭借自己的努力，在北京买了房子，把山村里的家人全接到了首都。他的父亲却因过度劳累，离开了人世。那一年，他 24 岁，他父亲 57 岁。

父亲的背是他实现梦想的人生航船，父亲的意志是他超度现实的人生航标。父亲给他温暖，给他力量，给他自信，给他实现人生价值的阶梯！

父亲就是打破神话的那个人！

○ 2015 年中考语文模拟试卷现代文阅读题文本

父亲的下弦月

对父亲，我一直心存害怕。

印象中，他总是那么凶。父亲非骂即打的方式，让我时常惊惧不已。青春期里，满脑子尽是父亲言语与非言语的暴力，便莫名地紧张，头像是要炸裂开来一样，难受极了。其苦难言。有时，也会劝慰自己，也许天底下所有的父亲都是这样的吧，强横，不讲理，有力量，说一不二。

的确，我目之所及所有的同学们的父亲，大抵也是如此。

父亲生前是我们村小学的民办教师，一边耕种，一边教书。生活得穷苦，近三十年的执教生涯，“转正”又无望，是够让他烦心的。历经人世沧桑，我才明白，烦怨和愤怒，会让人产生一些非正常的言行。对于父亲而言，教训我和我的姐姐妹妹，也许就是在宣泄内心积压至极的烦怒吧。再说，在农村，打骂孩子，那是再正常不过的事儿了。也许，父亲是千年风俗形成的习惯性动作。

我离家上学后，父亲离开我们村小，去往一所偏远乡村小学，早出晚归，来回一趟，骑自行车得一个多小时。在那所小学教书不到三年，一次开学，他给学生分发课本，晕倒在课堂，当夜离开人世。

之后有一年清明节，上过坟后，妹妹带我去父亲生前从教过的乡村小学。

那一排江南典型的砖瓦结构的平房，有父亲工作过的教室和办公室兼午间休息室。我们缓慢地踱步，挨个教室地看，从一年级到五年级（那时没有六年级），父亲教过所有的班级，所有的教室都曾有过父亲的身影。倚窗而立，仿佛还能听见他的教书声，看见他背着学生板书的样子。不免就有些伤感。哪怕，父亲已去世好几年了。

往昔那些所有的好与不好，都化作对父亲刻骨铭心的思念。妹妹无声地垂泪，悲伤的氛围渐渐笼罩着我们。此情此景，思念填满内心，但我眼角没有泪。

最后，妹妹带我去看父亲的休息室。

那里已是这所村小的柴火间了，稻草、麻秆、豆秆和杉树叶堆得满屋都是。父亲睡过的床还在，确切地说，只是床架，床板也许当柴火被学校做饭的师傅烧掉了。在一捆稻草边缘，我看见用毛笔画的一弯下弦月，使劲推开草堆，一幅画跃入我的眼睑。

妹妹告诉我："这是父亲画的。他一个人，中午没事，就会画一些画，有时，画在纸上，这是唯一一幅画在墙上的。"

看到画，我立马想起那首东北儿歌"月儿明，风儿静"——一支广为流传的安抚婴儿睡眠的《摇篮曲》。意境太神似了。

对于那弯下弦月，我记得格外分明。

我第一次从赣州的学校回来，父亲翻看我带回的校文学社社刊《绿芽》，在封面上用红色钢笔重重地写了一行字，纠正封面上那弯月亮的错误。父亲对美术编辑写批语："你画的是下弦月，它只能出现在东边的天空，它的脸向着东方，可你却把它画在西天。"像是对他的学生作文进行评判似的。我第一次明白，下弦月挂在东方，它的亮光只是在后半夜幽幽地着染着天际，抑或在黎明引来天光。

在父亲墙上的画作里，一个孤独的人，一座茅草屋，一棵高大的桉树，还有桉树之上，东边天空荡漾的那一弯明净的下弦月。幽明的环境，孤独的人，天地一派宁静。这才是父亲的向往之境，才知道他一生最渴望身处如此宁谧之地。

这一画作，让我看到了父亲的另一面。他无时无刻不希望自己平和一些，像“月儿明，风儿静”一样，和缓地对待自己的儿女。

当年，整理父亲的遗物，在一堆的教案和书报中，我发现一个笔记本，很多页都端端正正地写着“制怒”二字。我知道，此两字出自林则徐。他任江苏巡抚时，亲自在牌匾上书写“制怒”，挂在厅堂之上，用以克己自律。

父亲有高血压的宿疾，血压升高之时，情绪是难以控制的。也许，那时就想起用林则徐的这种方法，用以自控和自律。他那么苦苦地写着“制怒”，那么挖空心思地控制自己的情绪，却是没能制止住，还是那么好似无情地打骂他心爱的孩子。

多年之后，我才知道，父亲活得多么难，生活上难，事业上难，身体也难，甚至连情绪也是如此折磨他，刁难他，让他不得安生。故而，在纷繁的人世，父亲如此渴望那种后半夜的安宁，静得只有自己的心跳与呼吸罢。

一幅画，让我读懂了父亲，尽管是那么迟晚。我的父亲，不仅仅是那些化身于外表的言语与非言语暴力，在他内心深处，分明有着这样宁静的一面，有一弯永远属于他的生长在他灵魂里的下弦月。

这幅画，让我洞悉了父亲的内心，面对着它，我终于控制不住自己，一行泪重重地跌落下来，穿越岁月，拉近我和父亲的距离。在这久违的泪水之中，父亲那强横的形象，渐渐地柔软起来，柔得像绒毛，像绸缎，像天边的云霞……

2016年中考语文模拟试卷现代文阅读题文本

凌晨四点的月光

时至今日，我再也没有像那晚那样默默凝视凌晨四点的月。

厚厚的夜幕，一轮残月发出惨白的光，微亮的一点，虚弱无力，像大病初愈的样子。远山如墨，近树似黛，世间万物好似沐在牛乳中，虚虚浮浮，看不真切了。周遭虫嘶不歇，间或一声夜鸟长啼，划破长空，静夜逾静。

陪我一起看月，是远道而来的小叔叔。

那年我刚好 20 岁，一个早春的夜里，父亲遽然离世，顿感天塌地陷，命运被一股奇异的力量裹挟着，毫无反抗之力，不知不觉堕入暗夜，看不到一丝光亮，摸不到前行的路。灰暗的心，把文字涂抹成颓废态，发表在校报上，七弯八拐，被叔叔知道了。他决定南下赣州来看我。

一见到我，叔叔板起脸孔，严厉训斥："你不要想年事（方言，蠢事之意），都这么大的人了，要懂事呀！你爸不在世了，更要学会坚强。寻短见是最没出息的，你爸在九泉之下都不得安生！"

无言以对。

我默默低头，努力控制眼泪不要流出来，一眨眼，泪珠还是不听话，落了下来，沾湿了鞋面。

叔叔陪我在食堂吃了一顿晚饭，顺便给了我 60 块钱。钱这么俗气的东西，那时，却让我感受到亲情的可贵，爱的温暖。饭后，叔叔陪我在校园里走了一圈又一圈，两人无言，唯有春风笑。

父亲有四兄弟，唯有叔叔成功跳出“农门”，在省城邮电单位上班。我在村里，他在城里，平时接触很少，叔侄关系并不算亲融。他从南昌过来，突然出现在我面前的时候，虽忧郁不散，但惊喜已至。关键时刻，亲情总能显现其威力，展示其魅力。

叔叔收入并不算高，为了省钱，他托熟人关系，搭乘“昌吉赣线”邮车过来。他们沿 105 国道一路收放邮包，原本五六个小时的车程，硬是走了十多个钟头。邮车披星出发，下午才把叔叔送到我校门口，接着，他们又往赣州城驶去。

和开车师傅约好，第二天凌晨四点，邮车弯进来，到我们校门口，接叔叔回南昌。

那夜，叔叔和我挤在学生宿舍单人小床上，怕打扰其他同学休息，相卧无言。时光飞快，临近凌晨四点，我们迷迷糊糊爬起来，急急慌慌赶去校门口，却没看见邮车的踪影。

叔叔看手表，才四点过五分，在月光下焦急地徘徊，生怕错过了车。那时没有手机，连传呼机的踪影都还没出现，无法与邮车师傅联系。只有干等。

我静立月下，抬头凝望月光，环视远山近树，溶溶月慢慢化解心头结，驱散心底无尽的阴暗。千年月照方寸心，如清水洗尘，一点点去除心间的轻尘浮埃。

凌晨四点的月光是我人生的初见。此前和之后，我都不曾认真打量过这个时间点上的月。如水的月光，让我感受到了亲情的可贵，读懂了人生的不易。

那片赣南月，以亮光为笔，以大地作纸，重重地写下人生忠告：“生活就是，生下来，活下去。”并一字字烙进我心里，让我警醒过来。

久等车不来，叔叔收脚，不再踱步，蜷缩在月下小憩，我紧挨着他，席地而坐，不知不觉我叔侄俩竟在月光里沉沉睡去。

邮车喇叭在校门口响起的时候，时针指向 6 点，天亮了。

看到邮车鲜红的尾灯在赣南山区林密的道路上渐行渐远，站在清晨的我，伸了一个懒腰，默默地告诉自己：真的，天亮了。

凌晨四点的月光不见了，消失在我 20 岁的那年。

2017 年高考语文模拟试卷现代文阅读题文本

撤诉的女人

这是我从一个律师朋友那儿听来的故事。

一个女人与丈夫共苦多年，一朝变富，丈夫便不想与她同甘了。他坚决提出离婚，并且带走他们唯一的儿子。女人快 40 岁了，是个不容易再婚的年纪，当然不答应，想方设法修复已经破碎的婚姻。她失败了，和丈夫离了婚。

为了要回孩子的抚养权，女人决定与前夫打一场夺子官司。准备材料起诉，是她唯一的选择，让儿子跟自己，是她唯一的渴望。女人请了我的朋友去做辩护律师，抛出自己的底线：只要儿子判给自己，其他什么都可以不要。

女人在朋友的指导下，做好了充分的应诉准备，有九成的把握能赢。

开庭那天，她前夫提出女人的身体状况差，不宜带小孩，并拿出了她以前的住院病历作证。女人当庭出示了开庭前一天由某大医院核发的体检结果，轻松驳倒了前夫。前夫提出女人欠巨额外债，没有经济能力抚养儿子。女人出示了前夫转移财产，转嫁债务的商务函件，又一次驳回了前夫无理的指控。

激烈的唇枪舌剑，拉锯式的辩论，女人一直占上风。前夫见势不妙，使出最后的撒手锏：女人是全职太太，待在家里很苦闷，经常打骂孩子，对他心灵造成巨大伤害。儿子不愿和她生活，只想跟我在一起。

审判长传唤他们的儿子出庭作证，法警正要向证人室请她儿子出庭的时候，女人的脸由红变白，又由白变紫，忽然，嚯地站起来，大声宣布："审判长、审判员，我——撤诉!"

女人掩面大哭，跑出了法庭，留下惊愕的前夫愣愣地坐在那里，显然，他被前妻莫名其妙的举动弄傻了。为她辩护的我的朋友也惊呆了，不明白她究竟中了什么邪。

事后，我的朋友找到女人询问："你真的一直在虐待你的儿子吗?"女人无力地摇摇头："我爱我的孩子，怎么可能虐待他?"

朋友惊诧了："那你怎么不反驳你前夫，从法律层面上讲，轻而易举就能驳倒他。你为什么要放弃?"

女人说："我孩子胆小，一旦出庭作伪证，必将留下巨大的心灵伤疤。我怎么忍心……"她以泪代语。所有的说词，在女人那母性的哭泣中都显得那么苍白，那么虚伪。

朋友感到深深地震撼，当我听完朋友的讲述之后，我同样感到无比的震撼。天下只有母亲才会做出如此自残自伤的选择，只有母亲才会不顾一切地去护佑自己的孩子。

2016 中考语文模拟试卷现代文阅读题文本

墙上的母爱

跳槽到报社做记者以后，我又新租了一间房子。当房东打开房门的时候，满墙的涂鸦之作以逼人的气势侵略性地进入我的视野。

我惊问："这墙怎么涂得这么吓人？"

房东说："我也没办法。这样吧，你找几个民工用石灰浆涂抹一下，我免你一个月的房租。"

这是一个很划算的买卖，我立刻点头答应。

大概一个星期后，我叫来两个民工刷墙。还没开工，一个女人把民工师傅拦住，双手坚定地比画着，嘴里咿咿呀呀地叫。她是个哑巴。

我跟她解释："这房子是我租的，墙上太脏了，刷干净点好看一些。"

女人横在那里，毫不退缩。

我没有办法，只好叫房东来解围。

房东说："小陈，她以前就租住在这儿，这些东西是她画的。她肯定是舍不得把这些乱七八糟的东西刷掉。她很蛮横，你还是让着她吧。"

我让民工师傅先回去，把女人留下来，和她笔谈。渐渐地，我明白了女人凄苦的身世，以及她对女儿深深的思念。

女人怀孕的时候，丈夫在一场车祸中丧生。多少亲戚朋友劝她流产，再寻别的男人，她怎么也听不进，固执地要把孩子生下来。

就在女人临产前夕，丈夫单位要收回房子，将她扫地出门。她强忍着，租下了这间小房子。不久以后，她在这间出租屋里生下了一个女孩。

女人没有生活来源就沿街捡破烂，靠那点可怜的收入养家糊口，女人倾注了全部心血在女儿身上，教她识字看画，教她唱歌跳舞。小女儿变得天真活泼，人见人爱。

女儿三岁那年，女人生了一场大病。医好之后，她成了哑巴，与人交流只有通过纸和笔了。为了女儿的前程，女人把她送给别人，自己一个人过孤独的日子。

女人隔三岔五就去幼儿园看女儿。女儿学了“a、o、e”之类的拼音，她回来就在墙上写上“a、o、e”等；女儿学了一首儿歌，她回来之后，就在墙上写下儿歌的名字。没过几年，四面墙被涂抹得满满当当。

刚开始，房东叫她不要在墙上乱画，但听到她咿咿呀呀的叫唤之中透着凄苦的苍凉，便让她由着性子去。突然有一天，女人边抹眼泪边进屋，关上门后，整整哭了一宿。

从此以后，她再也没有在墙上写下一个字。房东猜想，她女儿可能是随养父母迁走了，也可能是女儿不认这个哑巴母亲。

在我租这间屋之前，女人在这整整租住了 15 年。

听到女人的这个故事，我的心莫名地有些感伤，那浓浓的人间温情触到我心灵最深处，久久让我感动。我对女人说：“这墙我不会涂的，你什么时候想看它，就来看它好了。”

女人走后，我从采访包里取出照相机，把墙上那密密麻麻的字全拍了下来，准备把照片作为礼物送给她。我觉得作为母亲，她确实不容易。

第二天，我接到异地任务，离开了这座城市。一个星期后，我结束采访，回到租住屋里，不禁大吃一惊，字墙没了，取而代之的是光洁照人的瓷面！房东告诉我，我走后，一个娇艳的女子叫人把字墙给弄掉了。

望着四面白墙，我突然感到空落落的，像是丢失了一件心爱的宝贝。

现在，我唯一能做的就是把字墙的照片冲洗好，这成了我的一种神圣的使命。照片洗好了，我等待哑女的出现。可惜，很长时间过去了，她一直都没有踪影。

不知她到哪儿去了。

2016 中考语文模拟试卷现代文阅读题文本

大美有缺

远房亲戚陪女儿来南昌看病，怕被人骗了，叫上我壮壮声势。

爱美之心人皆有之，女孩尤甚。她素面朝天多年，一直没在意，临近婚恋，才急慌慌来看病。“病”得比较特别——脸上有拼图样的疤痕，是儿时打碎饭碗割伤所致。乡卫生院缝针哪能顾及美观？疤痕在脸，实在突兀，原本样貌气质俱佳的她，有了这无法弥补的缺憾。

医生说：“手术可以做，但完全消除疤痕不可能。”听到这个消息，亲戚心里颇有不甘，花几千块钱，怎么还会有疤痕呢？女孩的脸上愁云疑云堆卷，像恐怖片中欧洲古城堡一般森然。医生对我说：“你是有文化的人，应该知道我们医生不是神。能做到什么，我就承诺什么。做与不做，你们自己拿主意。”我用方言替亲戚释疑。犹疑复犹疑，女孩决定不做了。

他们要赶火车回家，我送他们上公交车。我和亲戚一直走在前面，回头却发现女孩不见了。原来她呆呆地站在医院门外的书报亭前。亲戚折回，问她：“在干什么？”女孩说：“妈，我要买本书！”亲戚责怪道：“又没上学，还买什么书嘛！”女孩固执己见，要了一本最新的《读者》，经我推荐，又买了一本有我文章的《特别关注》。在公交站台等车，遇一老人磕头乞讨，女孩将买杂志找回的零钱，投进前面那个破搪瓷碗里。

书与爱天然含香，那一刻，这个脸有缺憾的疤痕女孩顿时散透出一股奇异的暗香，精致怡人。大美在心。哪怕这一缺陷，衬出她的真实可爱，也更美。

《读者·原创版》一编辑朋友讲了一个“字典李”的爱心故事，听来颇为新鲜。2011 年底，朋友和编辑部同人到甘肃省会宁县采访，回来后，杂志推出重磅报道《光环下的独木桥》，感动了无数读者。在上海打工的小伙子“字典李”读了文章后感同身受。年少时，他家贫上学困难。大学毕业后，他回老家做代课老师，教的孩子也穷，心酸之余，却深感无能为力。之后，“字典李”去上海打工，看到那篇报道的时候，单位正好发了年终奖，厚厚一沓钱，着实兴奋，一激动，便网购了 1200 元的字典，送给会宁县贫困老区的孩子。

孩子们收到字典后，朋友打电话告诉“字典李”。谁知这个 80 后的小伙子说，下了单后，突然深感后悔，可已在网上成功付款，没有退路，只好作罢……这段小插曲的 B 面，似乎佐证了“字典李”的爱心缺乏足够的纯度和浓度。其实不然。这个小小的瑕疵，还原了一个真实的人，见证了这次爱心付出的本真历程。

人人都有私心杂念。爱心人士在捐赠的过程中，偶尔思路开个小差，心里拐个小弯，并不影响爱的博大，心的瑰丽！一次犹疑，一丝后悔，在爱的付出中，算是缺点，但绝不是污点。正是这个缺点，映衬出一个可爱的、立体的、生活化的真实的人来。“字典李”事后那满含悔意的捐赠，是完美的爱心行动，生动地诠释了慈善、奉献和爱的本来面目和本真意义。

小时候，村口一块老旧石碑上有古人镌刻的“求缺”二字，一直不明其义。俗世里，染了一身沧桑后，到如今，算是领悟了。

脸有疤痕的乡下姑娘美在书香缕缕绕爱心；后悔捐赠并真实说出来

的打工小伙美在真实无遮蔽；断臂的维纳斯是美的，神性一般的宁穆盖过身躯之缺；凝雨的乌云很美，它的周围镶了一道灿烂的金边；甚至害人不浅的沙尘暴也有美丽的一面，因为它会给我们制造出孕育生命的新土壤……

月，因缺而美；美，因缺而真。从疤痕女孩到“字典李”，遗落在他们身上和心里的缺陷，是上帝赋予的真实，是给“美”最好的搭配。金无足赤，人无完人，同理，所谓的“完美无瑕”其实是个彻头彻尾的伪命题。

大美有缺。

2016 中考语文模拟试卷现代文阅读题文本

不要透支别人对你的善意

12年前，我在于丹老师担任总策划的某杂志做小编辑。初入行，稿源缺乏，让我很是头痛。幸运的是，认识了一些也写稿的编辑同行，比如汤姐。有一期快截稿的时候，我主管的“看碟”栏目，连送几篇都被毙，让我慌得像热锅上的蚂蚁。打电话向汤姐求助，第二天她便将电影《U—571》观后文字传真过来，主编很爽快地签发了。

转眼新一期又要交稿了，“看碟”急缺稿，我习惯性地又拨通了汤姐的电话。她说：“我不是专门写影评的，上次是纯粹帮你。你得发现甚至培养自己的作者队伍，不能老指望我对你的帮助。”

她的这番话，让我明白了——陷入困顿，找朋友帮一次，无可厚非，但从此依赖上了朋友的善意，显然就不合乎常理了。

后来，我离开了杂志社，跳槽到一家报社做记者。7月底的一天，接到黎凡的电话，她说正策划做“八三男人节”的新闻，邀请我们报纸一起参与。我无力做主，便把我们主编的办公电话告诉她。以为这事就完了，没料到，她一天好几个电话，找我问询。我烦了，对她说：“我只是一个小记者，这样的策划我做不了主。你这样催我，有什么用呢?”

那一刻，我感觉到深深的厌烦，并理解了汤姐当时的心情。是的，

人不应该让别人对自己的善意产生依赖！

也是我们有缘，后来，我们仨在南昌相逢成了好友，如此天各一方，友情不减。

不是每个人都能遇见到善良率真的汤姐，也不是每个人都能像汤姐那样推心置腹地说出知心体己的话来；不是每个施与善意的人都会心情舒畅，不是每一个善意都是那么通体温暖，所以，不要让别人播撒于己的善意，成了人家的负累。

善意是朵娇艳的花，经不住毫无节制的风雨，无休止地摧残。别人的善意是晨曦中草尖上的那一滴滴露珠，美则美哉，犹自珍惜，切莫当作凉白开，拿来解渴。

2015 年高考语文模拟试卷现代文阅读题文本

怕的哲学

有好事的调查机构公布人害怕的东西统计结果，蛇荣登“我们普遍最怕的东西”名单之首。为什么会这样？美国达拉斯·沃斯堡恐惧症中心主任克拉克·文森解释说：“这可能是一种与生俱来的恐惧，或者人们在早期被蛇惊吓过。但是人们对蛇的反应，看起来好像是一种机械反应。”

恐惧源于陌生，陌生让人害怕。

中学生也有三怕：奥数、英文和周树人。原因何在呢？只因这三样相对而言，更显陌生一些罢。奥数比普通数学难见到，难易程度有五颗星，又难又少见，不怕才怪。中文语境下学英文，自然也让人怕；周树人是语文课本里的常客，但他的文风、情感和用词又是学生所鲜见的，自然生了疏远之感，故而不怕也不行。

光怕是没用的。成功者的字典里，很难找到怕字，倒是失败者的借口中，常有此字闪现。

怕能激发人的生命锐感。有了这种锐利的生命质感，一个人就像上了赛场，站在起跑线上，所有的潜能，在枪响的那一刻瞬间爆发。置之死地而后快，有时是“怕”在其中起到微妙的作用。

同事为了让自己的孩子考上好中学，逼着孩子学奥数，那是进校的必考项目呢。奥数难，难于上青天。奥数疯，疯过疯人院。于是，同事前引后逼，孩子哭天抹泪，上演了一出家庭哭戏。结果是戏剧性的，他的孩子居然从此喜欢上了数学，日后竟也考上一所著名大学的数学系呢。

还有一个例子。他是我的高中同学，各科成绩都还不错，唯有语文跟不上，这其中原因是他怕老师在课堂上讲解鲁迅（周树人）先生的作品。其实，他也觉得鲁迅的作品好，但就是学不进，搞不懂。语文老师知道他的症结——怕鲁迅，给他开了一个“药方”：正视，勇敢面对。老师让他每天早上大声朗读鲁迅先生的作品。怕了，不是坏事，就怕你怕了还选择逃避，那就永无出头之日。语文老师循循善诱，方法得当，成功解除了他对鲁迅的怕，继而，他喜欢上语文课，改变了偏科的毛病。

一个人由怕启程，可以走向成功人生的舞台中央，获取智慧之光。心中有怕，并不可怕，当怕来临，要勇敢地面对它，克服它，怕就会成为我们泅渡之舟，腾飞之翼。

怕还有净化心灵的妙用。在人类不断演化的进程中，“有所为，有所不为”，是一根有益的警示红线，避免社会误入歧途，引导历史走出泥潭。而牵引这根线的，正是人的敬畏之心。你看，怕的作用多么伟大！

这应是“怕的哲学”最玄妙之处吧。

2013 年江西省高考同题作文

探究是一座桥

百思不得其解的时候，那急于求成的心理，让人抓耳挠腮，心眼痒痒。人陷入这一状态，是思与解之间，横隔了一道深不可测的鸿沟。有诗云："一桥飞架南北，天堑变通途。"沟通思与解的桥梁是什么？

——探究！

从字面上理解，探究就是探索研究。科学是这样，生活也可以如此，当然，作为一名学生，在学习方面更应高举探究之旗，努力前行。探究的目的是什么呢？我们不妨玩一个文字游戏，从一个熟语里找到答案：一探究竟。是的，探究就是为了看个究竟，或者说通过什么方法去抵达那个"究竟"。

西哲先贤亚里士多德的理论与之相类似，他将探究归纳为两个字：结与解。结，是结果；解呢，是形成这一结果的原因，或者通达那种结果的路径。

探究是一座桥梁。人在探究中成长，社会在探索中进步。在这桥的两边，一边是人的幼稚，另一边是人的成熟；在这桥的两端，这端是社会的野蛮落后，那一端是社会的文明昌盛。

当代青少年最应该亲近的正是"探究"二字。不可或缺探究之心，不能没有探究精神，不可荒废探究田园。我们在探究中摸爬滚打，于跌跌撞撞中，告别青涩与稚嫩，走向成熟和睿智。

我们的课堂，多少留有“填鸭式教学”的印记，难觅探究式学习的芳踪。填鸭式教学，学生的角色是被动的，典型的特征是你“要我学”！换一种情境，换一个方式，让学生通过观察或者阅读，去发现问题，搜集数据，形成解释，并终获答案，这就是探究式学习。这种方法把学习的主动权还给学生，变“要我学”为“我要学”，效果自然非同一般。

走在探究这座桥上，记知识，背答案，写作业，做试卷，就显得不那么重要了，关键在于要有质疑精神，善于发现问题，有思考的本领。破解问题，要有一追到底的勇气，不达目的不罢休，不出结果不撒手。

已故科学泰斗钱学森先生临终之际发出惊问：“为什么我们的学校总是培养不出杰出人才？”这正是令国人倍感沉重的“钱学森之问”。

是啊，新中国成立六十多年，为什么我们看不到高端人才辈出的欣喜景象？为什么我们鲜有在国际舞台上叫得响、站得住的顶级大师？症结就潜藏于此——我们少了“探究之桥”。

我认为绝大多数孩子都具有大师的潜质，却因为在成长路上，少了探究精神，找不到渡河之桥，无奈被天堑阻隔在了这头，长大后，庸碌成像我这般凡俗的一员。

2014年高考江西卷作文题（材料作文）

美善无翼自在飞

掌灯时分，指导孩子写作业，随手一翻，看到这么一段文字："有一棵大树，枝繁叶茂，浓荫匝地，是飞禽、走兽们喜爱的休息场所。飞禽、走兽们谈论着自己去各地旅行的经历。大树也想去旅行，于是请飞禽、走兽们帮忙。飞禽瞧不起大树没有翅膀，拒绝了。大树于是想请走兽帮忙。走兽说，你没有腿，也拒绝了。于是，大树决定自己想办法。它结出甜美的果实，果实里包含着种子。果实被走兽们吃了后，大树的种子传播到了世界各地。"

情不自禁，思绪随大树的种子在夜里飘飞。是啊，世上不存在轻轻松松的收获，也没有无缘无故的成功。通往成功的路上，收获季到来之前，人人都要吃苦，个个都在努力。

老子曰："将欲取之，必先与之。"

一个人想拥有什么，必定要有与之对等的合乎规则的付出，就像《伊索寓言》故事里的太阳那样，给予人温暖，才如自己所愿。

北风和太阳打赌，看谁能让路上的行人先脱下衣服。北风先冲上去，对行人一阵猛吹，行人感觉冷，把衣服裹得更紧了。不服气的北风使出更大的力气呼呼直吹，行人从包里又拿了新衣服给穿上了。北风失败了。

轮到太阳上场，丝丝阳光，融融暖意，行人热得冒汗，情不自禁地脱下外衣……

北风想凭借自己的威力，吹落行人身上的衣服，结果以失败告终。太阳以其和善的方式，洒遍温暖，行人行以脱衣之礼回赠。对比结果，方式的高下立判。

大树想去远方旅行，恳请飞禽走兽帮忙，其行事方式正如北风，从自我出发，行一己私心，当然难了心愿。失败之后，大树改变策略，心怀助人之意，自然达成自助之愿。

这是大树的哲学，其精髓是——利他！

利他是美善不朽的本质。花不为己开，河流不为己弯，雨不为己落，霞光不为己亮……美善不带私心杂念，犹如风行水上，月隐山林，自然生发，自成一景。

美善处处有，无翼自在飞。

人们歌颂美善，渴望美善，世上偏偏有那么多人和事与之背道而驰。骗人者有之，害人者也不少。我们一边念着“害人之心不可有”的咒，却在内心绷紧那根“防人之心不可无”的弦。我们渴望别人打开心扉，自己却严闭心门；我们指望别人施予善意，却吝啬自己的良善……结局就像矛盾的大树，想让别人带自己去远行，屡遭拒绝，无果而终。

有人说，人不为己，天诛地灭。利己谁都会，连刚出生的孩子都知道拽紧自己心爱的宝贝。利己有眼前的好处，看得见的触手可及的实惠。但从长远来看，利己是一条永远也没有出口的死胡同。人人为己，那么他人即地狱，个个处在地狱的包围之中，其结果是八层嘲笑十八层，无人能逃脱惩罚。

如果个个私心膨胀，这个世界早就被诛灭了。

人间美善，非不能也，是不为也。

世上事，有所为，有所不为，所为只为圆满美善，不为是为呵护

美善。

人间情，要有舍，方可有得，舍去细枝末节，守来春暖花开。

曹雪芹在《红楼梦》借薛宝钗之口，说——好风凭借力，送我上青云。（《临江仙》）世上美善当如是，无翼自在飞。

2015 年高考湖南卷同题作文

最好的行囊

第一次出国旅游，九岁的女儿执意要带每晚伴她入眠的毛绒兔，任我怎么劝说，都无济于事。只好随她了。我在收拾行李的时候，准备了几本书，女儿见状也来劝阻，说："老爸，旅游好累的，你哪里有精力看书呀？"但我还是习惯性地把它们塞进了旅行箱。

游了一圈，回国，女儿的毛绒兔和我的书，一直都没动过，睡在旅行箱，从家出发，绕了大老远的路，又跟我们回到家。在家里，再次看见它们，不禁哑然失笑。但我相信，下次旅行，行李箱里一定少不了它们的身影。

行走，是人生的基本状态。

旅行，是生活的必要内容。

年少时，读作家余华的成名作《十八岁出门远行》，不明深意，中年再读，越发觉得意蕴丰富。

几个问题像泉水一样汩汩冒涌——

怎样让一个人快速成长？

如何认识世界？

怎么体验民情？

领略世界有何意义？

如何看清一个人的真实面目？

……

最佳答案是，让他出门远行，或者跟他一起旅行。

人生就是新旅程叠旧旅程的过程。

开启一段新的旅程之前，备好行囊，至关重要。带什么，不带什么，有时糊涂，有时清醒，有时摇摆不定，有时又异常坚定。

经历过多少次出门忘带重要东西，遭遇不必要的尴尬，终于被我总结出一个出门远行，置备行囊的四字口诀：伸手要钱！

怎么解释呢？伸（身），是身份证——出国呢，则是护照；手，当然是一刻也离不开的手机；要（钥）则是钥匙；钱，毫无疑问就是钱包，装着现金，或者银行卡。这四样，少了一样，都非常麻烦。

远方是成长的诱惑。

人到了一定的年纪，新旅程像万丛花海吸引蜂蝶那样，深深吸引着我们。展开旅程，背起行囊，年轻的旅者最想带的是什么呢？

也许各有喜好不一样，而各不相同，但不喜欢带的，却有着惊人的相似，那就是父母的祝福。年轻人就像向往天空的小鸟一样，一心要逃离温暖的家和父母的掌控。临行前，父母的暖心祝福，温馨的嘱咐，只当是无尽的唠叨，嫌烦，当成耳边风，转身就忘在脑后。

旅途漫漫，翻检行囊会发现，总有一样东西，会一直伴随我们走向未知的未来，遥远的远方，那正是我们旅程中最好的行囊。

2016 年高考山东卷同题作文

显影人生

一张图，两个人，两种境遇，对应两个关键词：熟悉和陌生。熟悉的掌印，陌生的唇印，印刻涓滴过往，记录成长世态。

俗话说得好，人在江湖飘，哪个不挨刀？套用这个说法，成长路上走，谁人不挨揍？曾几何时，耳光于我，是家常便饭。不听话，啪；不好好听课，啪；考砸了，啪……耳光啪啪山响，伴我一起成长。

儿时，小孩挨几记耳光，甚至一顿胖揍，司空见惯，大家早已见怪不怪。家长把孩子送到学校，对老师常讲的一句话说："好好管管我孩子，不听话就给我打，我不会说你打坏了。"好像，打才是为了孩子好，不打不成教育。为了所谓的"为孩子好"，再不堪的手段都敢用，都会用，且得心应手。

时至今日，情况也许跟我成长的遭遇不一样，但究其本质，并没有得到彻底的改观。现在的父母不舍得打孩子，就改为骂了，气不择言，什么难听的都说得出口；现在的教师不敢打孩子，换成"冷处理"——把你晾一边去。

骂与晾，是耳光的升级版，形态不同，其质如一。

如何判断孩子的好，最直观的是分数。多年来，学生们感叹着这么一句："考考考，老师的法宝；分分分，学生的命根。"后来呢，有人续上一句："打打打，家长的王法；哭哭哭，我们的应付。"

分数为王，不仅在学生心中深深扎根，更是天下家长和教师共同又无奈的选择。分数铺就了一条康庄大道，终点辉煌，如人所愿。加之，"不能让孩子输在起跑线上"等理念盛行，还有几人能在分数面前，淡定从容？

分数是人生的"显影液"，操持在谁手上，谁都有洞悉一切，指点江山的优越感。没考满分，不行，分数掉下来了，更不行，怎么办？给他一个耳光呗，让他长长记性，买个教训！分数见涨，学习进步了，好，亲他一口！就这么简单明了，黑白分明。

判断一个孩子的进步，规划一个学生的未来，分数真的有那么重要吗？

未必。

网络上流传着两份名单，第一份：傅以渐、王式丹、毕沅、林召堂、王云锦、刘子壮、陈沅、刘福姚、刘春霖。第二份：李渔、洪升、顾炎武、金圣叹、黄宗羲、吴敬梓、蒲松龄、洪秀全、袁世凯。前面九人，你能认识几个，后九位呢，你有几个不知道的？

答案很滑稽，后人不知的全是清朝的状元，至今令人敬佩的那九个人，都在清朝的科举考试中，败下阵来，名落孙山。

是分数在他们面前，划出了一条天河，一边众星捧月，世人景仰，另一边郁郁寡欢，默默无闻。然而，时光却在他们当中，划出了另一条截然不同的分界线，一边默默无闻，另一边世人景仰。

分数可以显影孩子一时之得失，却无法区分一个人未来之高下。

人生处处有山丘。歌星李宗盛唱道："越过山丘，才发现无人等候。"古人云：一山放过一山拦。人生不是一场接一场的考试，而是一座又一座山丘，经受住一次考验，前面还有更高更多的山，等我们去攀登。

分数之外，人的兴趣、爱好、性格、品德、勇敢、善良和毅力等，综合考量才能评定出一个人的能力和实绩，真正做到小误差地显影人生。

2016年高考全国卷（1）同题作文

吾心为悟

翻开中学课程表，面对一应课程，最有微词的，当语文莫属。

有些人好像怎么使劲都不能把语文成绩提高，另有一些人看似根本就没怎么努力，但语文成绩一直高举，这到底是为什么呢？

君不见，各类辅导机构，杂花生树般的补习班，哪有语文的身影？这又为何故？补一场数学，分数会随之上涨，补一节理化，变化也能一眼分辨，但你若要是去补习语文，同学笑话不说，任天下再好的名师，也不能在短时间内把成绩提上去。这就是事实，是冷冰冰的现实。

其他诸课程，只要方法得当，外加努力，短期内做足够多的题，立竿见影。语文就不行，因为它本就不是用分数来衡量的，真正的标尺是一种名叫“素养”的东西。

语文素养高，就算不怎么学习，成绩仍会优秀得让人羡慕忌妒恨；若是语文素养欠佳，任凭你使出吃奶的力气，也不一定达到满意的效果。

由此可知，若想要语文成绩棒棒的，提高语文素养才是唯一的正途。

那么，怎样才能有效提高一个人的语文素养呢？

途径无外乎三种：课堂有效教学、课外大量阅读、社会生活实践。这三样我最看好的是后者。课堂教学也好，课外阅读也罢，皆外化于形，唯有社会实践，才内化于心。

古人云："吾心安处是吾乡。"我想说的是，对于语文学习而言——吾心在处是为悟。悟是提高语文修养的最佳方法。

有道是："读万卷书不如行万里路；行万里路不如阅人无数；阅人无数不如名师指路；名师指路不如贵人相助；贵人相助不如自己去悟；自己不悟神仙也难救。"读书，行路，阅人，指路和相助，诸多路径，百法试遍，都不如用心去悟。要是不去悟，神仙也救不了你。

学好语文并不难，关键在提高语文修养；如何提高语文修养，也不复杂，只有一个字：悟。古人造字很有先见之明，吾心为悟，只要用心去体会，去感受，去思考，就到了悟之境界。一个人，一颗心，是为啥呢，无非"悟"罢了。吾有心一颗，思考为了"悟"。

同样一片树叶，因秋风而落。不悟，你只觉得地上又多了一片垃圾；悟了，杜甫发出"无边落木萧萧下，不尽长江滚滚来"的感叹；李白呢，独立清秋，低吟"秋风清，秋月明，落叶聚还散，寒鸦栖复惊。相思相见知何日，此时此夜难为情"。的悲叹；沈佺期则喟叹"落叶流风向玉台，夜寒秋思洞房开"。

有没有悟，高下立判。

提高语文素养，课堂学习当然必不可少，课外阅读也非常重要，当然，在此基础上，能用心去感悟，倾力去领悟，努力达到醒悟之境，就没有爬不过的高山，涉不过的河。

"闻道有先后，术业有专攻。"悟道有浅深，全凭一片心。

用心者，自会炼成非凡悟力，提高自己的语文修养。

2016 年高考全国卷（2）同题作文

第二辑
一尺深的热爱

做任何事都是这样，保持一尺深的热爱。

爱要爱得深沉、执着，但是，在发现爱得无门无路之后，一定要记得抽身而退。

一尺深的热爱，是人生的基本态度，它会护送我们顺利泅渡苦海，抵达成功的彼岸，酣享快乐和光明。

幸运草自己种

我任教的大学是一所成人高校，成立高职学院后，也招普专和高职的学生，不过，与一本二本院校不一样，我们学校很低的分数就能进。

我教的课程是《新闻采访学》，真不知道理论灌输了一个学期后，学生们能掌握多少。暑假来临，我鼓励学生到省城新闻单位去实习，到一线实践，边干边悟，学的东西肯定比书本更丰富，更管用。此话一出，学生们回头就和家里人联系，希望家人为自己架桥铺路，找个实习的机会。蛇有蛇路，兔有兔踪，大家如八仙过海，各显神通。

新学期来了，我继续承担了这个班《新闻写作学》的教学任务。一部分同学见了我神采飞扬，兴奋地给我讲实习的故事，这让我感到欣慰。悄悄摸底，发现班里的同学一部分在市报、县电视台实习，一部分待在家里，没有人在省城媒体做，但是吴俊生同学独树一帜，居然跑到中央电视台的一个栏目里做实习生。待在家里的同学怨气十足，感叹自己家里没后台，连新闻单位的门都摸不到。也有同学埋怨学校不好，找到新闻单位，人家不要，只收复旦大学、南昌大学等名校新闻系的学生。在基层单位实习的同学则齐齐地羡慕起吴俊生来，觉得他家里有通天的本事，居然找到中央去了。

吴俊生说出真相之后，大家都惊愕不已。他说，他有一个远房亲戚在央视那个栏目做剧务，打电话过去亲戚不在，央视一位制片人接了。他不急也不惧，把自己的想法给说了，对方要他传一份个人资料。当晚，他把个人情况介绍连同发表过的文章的网站链接一起发给了这位制片人。第二天，他便接到制片人的电话，让他放假后就来试试看。整个过程，他的远房亲戚压根儿不知道，再说，即使亲戚要通路子，一个小小的剧务，能耐又有多大？

在我看来，吴俊生理论掌握得好，能写会说，有胆量，具备了一个记者的素质。但是，在班上，像吴俊生同学这样出色的并不止一个，为什么只有他一个通过自己找到实习单位？关键一点，他不等不靠，具备先人一步的主动性。他在拥有一定的文化和理论的积累之后，知道用自己的智慧去做敲门砖，而不是苦等家人去走后门，找关系。西方有句谚言：智者制造机会。机会是等不来的，同样，也不是靠父母、亲戚拉来的，它要每一个人用智慧去创造。

现在，这班孩子已毕业了，吴俊生成了省电视台的新闻记者。教师节来临之际，他给我寄来一张贺卡，上面写道："谢谢陈老师给我知识，给我力量，给我一片人生的幸运草。"其实，我给予他的仅是一粒幸运草籽，幸运草是他自己种的，现在长得繁茂旺盛，那是他自己顽强拼搏的结果。

没有人会笑你

我上初一的时候，班主任兼语文老师饶怀中先生刚从抚州师专毕业，心怀远大教育理想，勤于教学，善于沟通，希望自己第一届学生能出类拔萃。一进中学就能遇到这么一位老师，现在想来，真是人生的一大幸事。

每天晚自习，饶怀中先生要求我们写一篇日记，把一天中最有趣最难忘的事记录下来。对于我们的日记，他每篇必看，每篇必改。这一招对于词短文穷，视写作为畏途的我来说，是最狠的一招，让人心生余悸。

记得我有一次发高烧，晚自习坐在座位上，昏昏沉沉，没有一点生气。临交日记，我匆匆写了一句："今天生病，实在写不出什么来！"就把它交上去了。谁知，我的"偷懒"行为，饶怀中先生竟当着全班同学的面，严厉地批评，让我极度难堪。

从此，对于他的日记，我小心而为之，不敢做半点偷工减料的事。尽管我努力写日记，收效并不明显，饶怀中先生大都给我判"中"或"良"，极少有"优"。尽管如此，我还是得到了他极大的赏识。

在一次作文评讲课上，饶怀中先生许给我一个美好的未来："班上，陈志宏的写作进步很快，长大后，肯定会成为作家！"这句话给我的动力不亚于发射神五的推进剂，在饶怀中先生的鼓励之下，我写得更欢了，甚至写了一部一万多字的科幻小说。

初二上学期，学校举行全校作文大赛，饶怀中先生对我极为看好，指定我参加校级比赛。在班上，则举行了一场严格的预选赛，评出一二名，陪我一同参加全校决赛。结果是戏剧性的，同班两名陪赛的同学分获大赛一二名，而我却一无所获。升得高，跌得重，饶怀中一番好意，却把我推入极为尴尬的境地。对于写作，我彻底灰心了。

我把自己的灰暗心情写入日记，交给饶怀中先生判改。他在我本子上写了一个大大的“优”字，又在优旁留下一行小字：“没有人会笑你，请别灰心。”不久，饶怀中先生约我单独谈话，对我说：“一时失利并不能掩盖你在写作上的才华，这件事只有你自己太在意，因为对你打击太大，但是只要你不笑话自己，就没有人会笑你！同学也许会说这说那，都是暂时的，一切都会过去。”

从饶怀中先生宿舍出来，我明白了没有人会长时间地笑我，只要自己别太在意，什么乌云都有飞远的那一刻。

多少年过去了，25 岁的我成为南昌市作家协会会员，28 岁，成功加入江西省作家协会，并且成为《读者》杂志全国百位签约作家之一，好歹也混成一个靠卖文度日的所谓作家。十多年没见到饶怀中先生了，对他一直难以忘怀，那句“没有人会笑你”在我孤立无助的时候，总会给我力量和信心。

没送出的礼物

有一段时间，我写出来的文字，专门由一个女学生帮忙录入电脑。

她在进校前，曾是九江县政府打字室的临时工，专门打字。她的打字速度，在我视线范围之内，没有人能超越她。她与一般的学生不一样，“坐性”特别好，一屁股坐在电脑前，半天都可以不挪窝。于我，她的出现像是沙漠旅行中，遇见了一只骆驼。

她是不需要打字练习的，文字录入是一流的。论学习，到我这台486破机子上来，岂不是会跑的人来学步嘛。我曾经很认真地问过一回这个问题。我问：“你用不着来我这儿学习，为什么要给我打字?”她是这样回答的：“帮你呀!”我还想继续问下去，她却戛然而止，埋头认认真真地打字。

有一次，一编辑朋友要稿要得急，但她在上晚自习之前还没把文章打完。我有点不好意思地说：“能不能尽快帮我打完——是这样的，有点急……”她没有回答我，低着头走出了我的宿舍。我看着正在闪烁的电脑屏幕，心急如焚，不知如何是好。

没过多久，她回来了，继续坐在电脑前工作。我的一颗悬心总算落了地。

快完工的时候，她的班主任“追”到我宿舍，对她说：“你竟然敢逃课?”然后这位负责的班主任冲我开火：“有你这样做老师的吗，叫学生帮你做事?”

她嚯地站起来，解释道：“不关陈老师的事，是我自愿来帮他的，晚自习我向班长请了假，而且班长同意了。”她班主任哑口无言，借口有事，走了。她冲我扮了一个鬼脸，得意地笑了。

此事过了不久，师生当中就有人风传她和我在“谈恋爱”，还说什么班主任抓了双。我百口难辩，她亦是自感无端地受攻击，又无力抵挡。

全校只有她知道我有一个非常要好的女友，她们还在电话里聊过天。我的女友向她言谢的时候，她脸上竟也漾起一副得意的浅笑。因为我不愿女友在我所处的环境中出现，“恋爱”风波，一直平息不下来。她依然坦然地上课下课，从不被流言蜚语吹倒。她深信清水是再多的嘴也说不黑的。到后来，我都有点怕那些莫须有的说辞，在人前总抬不起头来。

她见我有一段时间没写稿后，竟奇迹般地搬来了我的女友。当女友破天荒地出现在我面前时，我为她的良苦用心深深地感动了。女友见我后，嗔怪道：“真没出息，碰上这一点小事就乱了方寸，怎么去做大事情?”她在一旁抿嘴偷笑，插了一句：“这回该好好写了吧!”女友在是非之地猛地一亮相，像一轮白日迅速驱散扰人的阴霾。

圣诞节前夕，她送给我一个精致的礼品盒，拆开一看，原来是一艘雄伟的“轮船”，插上电后，船只立即通体透亮，金碧辉煌。在船头，她刻下了我和女友的名字。我明白，她在祝福我们百年修得同船渡之后，再修一个共枕眠的千年姻缘。

收到礼物后，我问她：“你喜欢什么小礼品，我好买来回礼。”她生气了，说：“我不要你的礼物，你去买，我就再也不帮你打字。”那认真劲，让我不得不为之却步。这个鬼精灵，葫芦里卖的是什么药?我被她搞糊涂了，同时，也被她逗乐了。我说：“这样吧，你毕业的时候，我送一份礼给你，怎么样?”

她点点头，微微含笑。我又一次看见她小胜之时才独有的得意。

她快毕业的时候，我的发稿量猛上了一个台阶。这背后，她这一头无怨无悔的“骆驼”起了不小的作用。她曾得意地说：“应该说我催熟了一个作家。要不是我在后面催你写，你才不会写得那么苦，对吧?”我不得不点头，但回过神后，马上纠正她的话：“你可千万别称我是作家，那是八字还没一撇的事。”她仰着头，俏皮地说：“发表了那么多文章，不算作家，算什么?”我红着脸，不敢再申辩，三十六计，沉默为上计。她转而自说自话：“当然啰，你也别太骄傲了。你发的东西再多，也是我第一个看到，而我的水平是很差的哦!”我再也忍不住了，扑哧一笑。

她临走的前一天，帮我打完最后一篇稿件，对我说：“陈老师，明天下午 5 点我就要离开南昌，去东莞打工了。”直到这时，我才产生深深的伤感。

我记住了 5 点钟，那是我和她分别的时刻。此去路遥，再见她那将是一个不可猜透的谜。平时，有朋友来，我只送到院门口，而这一回，我决定破例送她到火车站。

第二天一大早，我在银行里换好两张百元大钞，然后，用礼品盒包好，显露出疏疏淡淡的情义。我不能说自己俗，在送礼品的时候，只想到钱。其实，送礼的至高境界是送人之急需。我知道她家境不好，在这个关头，她不需要贺卡、布娃娃之类，最缺的是钱。我用世上最俗的东西，表达我最雅的祝福。

但是，当我赶到火车站的时候，她乘坐的那趟列车，已走了三个多小时。我在人潮汹涌的空荡荡的候车大厅里，木木地站立了许久。我不知道她为什么要骗我，在这最后一刻。

半个月后，她从东莞给我写来了一封信。我记忆最深的一句话是：“你虽未曾教过我的课，但你是给我的印象最深，也是我人生中最好的一位老师。我佩服你的钻劲和才气，尽管你是个苦命人家出身的。这就是我一心一意要帮你的原因。和你一样，我也是苦过来，所以不希望你破费，买什么礼品。”看到这里，我的脑海里，又浮现她那习惯性的得意的微笑。

此后，我们再没见过面，那份钱礼，一直放在抽屉的最里面，我从来都没想过要去动它，在我心里，那是属于我属于她的美好记忆。

多少年过去了，我总是会怀念那段她帮我打字的时光。那种美丽的情愫，就像午后暖阳里回响起老式唱机里飘出来幽古的曲调，如潮水一般将我淹没。

给心灵扎上蓝头绢

我曾经在私立“赣洪公学”教小学三年级的语文，台下的孩子清纯、可爱，至今我依然清晰地记得。

那时候，班里女孩流行在发梢扎一方漂亮的蓝头绢，从讲台上望去，好像许多只蓝蝴蝶停在小女孩的头上，煞是好看。蓝头绢方方正正，不大，真丝料的，柔柔软软，很滑，四边缝合了精美的刺绣，最外边还有一层短短的、绒绒的蓝底缀花的流苏。从工艺、质地和做工看，价格一定不菲。我随便向一位女生打听价钱，虽心里有所准备，但还是暗暗地吃了一惊。

班里孩子的衣着大都光鲜鲜的，看得出来，他们家里并不缺钱花。能来私立学校读书的孩子，家境大都不错。不过，一个叫芳芳的小女孩穿衣打扮在同学中却略显突兀，也许，她家里并不宽裕。芳芳是个懂事的孩子，成绩不算拔尖，但能引起老师的关注（老师总喜欢关注成绩好的，或在成绩上有潜力的学生）。她质朴，好强，唯一的不足是不大合群，少言寡语。

蓝头绢在班里，甚至在全校流行开来的时候，芳芳愈加沉默，一双明亮的大眼睛里盛满了原本不属于她这个年纪的忧郁。我心里明白，芳芳是在乎其他女孩头上蝴蝶一般的蓝头绢。她和大伙一样有强烈的爱美之心，希望得到一方蓝头绢。可惜她没有，不能不让她感到失落和困惑。

芳芳的心神彻底被打乱了，上课精力不集中，下课又一个人孤坐在座位上，目光呆滞，无精打采。她的一切，我都看在眼里，心想，该帮助她走出心灵的沼泽地。

我跑了几个大商场，花了将近半个月的工资为芳芳买了一方蓝头绢。也许，将它扎在芳芳头上，并不能为她增添多少色彩，但一定会在她的心灵投下自信、开朗和舒展自我的光斑。课外活动的时候，我把芳芳的好朋友丽丽叫了过来，叮嘱她把芳芳找来。芳芳像一个寂寞的黑影幽幽地走进我的屋子。

我说："芳芳，我送一块蓝头绢给你，喜欢吗？"

芳芳愣住了，看见我手中的蓝头绢，眼里流露出惊喜。她重重地点了点头。

我别别扭扭地为芳芳扎好蓝头绢，对她说："芳芳，你真漂亮！"

芳芳裂开小嘴无声地笑了。她涩涩地说："谢谢陈老师！"

芳芳转身跑了出去，一边大喊："丽丽——"

孩子一旦拥有欣喜和激动，总喜欢拿来和好朋友分享。她终于得到一方漂亮的蓝头绢，这好消息她先想到了丽丽。她昂起头，像一只快活的小鹿在校园奔跑，一扫她往日忧郁的神情。可能是我扎得并不结实，半路上，她的蓝头绢落了下来，无声地飘在地上。她没有丝毫的察觉，依然高兴地跑呀、跳呀，像是换了一个人似的。我拣起芳芳遗落在地上的蓝头绢，心想，她已给心灵里扎上了一方漂亮的蓝头绢。

芳芳整个儿变了，成了伙伴中自信、快乐、活泼的一员。而那块蓝头绢，依然在我的手上，保存至今。

也许，人的心灵都有一方属于自己的蓝头绢，它代表自尊、自信，引领我们自爱、自强。但是，一点物质上的缺憾，抑或精神上的挫折，都会让我们在无意中遗落心灵的蓝头绢，从而跌入自卑、自弃之中，不能自拔。

给心灵扎上蓝头绢，我们就会活得更开心，更幸福。

走过磨难

磨难来的时候，她猝不及防。

父亲英年早逝，母亲卧病在床，一个捡来的妹妹还在读初中。

她，一个初入大学校园的南方女子，就这样与磨难不期而遇。很明显，与这场磨难较量，她根本不是一个重量级的，似乎有蚂蚁撼大象之嫌。

没有退路，只有迎头向前。她先是为自己申请了国家助学贷款，用省下来的学杂费在这所北方名校附近为妈妈和妹妹租了一间平房，并且替妈妈抓了药。

上学的第一天，她便开始了艰难的求职打工之路，为人做家教，在餐馆当迎宾；周末上街发广告单，平时打扫学校的卫生……她没有放过一个能挣钱的机会。

夜深人静之时，她在灯下写日记，记录自己的生活，记下滴落在这座陌生城市的自己的泪。

苦是磨难的滋味。

一日三餐，她能精确到六元七角二分钱，那二分零头买廉价葱蒜，其他的大头则充塞姐妹饿困的胃和母亲被病痛折磨的身躯。同学见了，问她怎么那么瘦，她笑答：减肥呢！不相信一个在校勤工俭学扫教室的子的第一次更重要！”

这是多么响亮的一句口号啊！

世上没有什么事比见证亲友的第一次更重要。

可惜，我的那位王姓朋友醒悟太迟，因为他刻意拒绝见证别人的幸福时刻，所以自己的幸福时光成了没有任何人见证的缈缈光阴。负面效应在不久后就显现了，多少人在背后说他未婚同居，未婚生育，其实，他和妻子早就领了结婚证啊！

更多没有见证的人生片段，负面影响就不仅仅是背后有人指指点点这么简单，它有时会像把刀直刺心肺，让人背负一生的苦痛。

如果你爱他（她），就放下手中的活儿，去见证他（她）的悲欢离合酸甜苦辣以及所有的幸福，或者不幸。人生每一段时光，生命每一寸爱，都是见证得来的，每一分爱都会因你的见证迅速膨胀，滴滴馨香满人间。

送　伞

电影《孔雀》里一个镜头，让他印象深刻，似疏疏朗朗的夜云，在月下投来或明或暗的影子。一个雨天，傻大哥给正在上学的弟弟送伞，惹来一串麻烦。电影一晃而过，往事却像电影那样，在脑海里一幕幕清晰地闪现。

记忆中，童年总是下雨，树叶湿淋淋的，街道湿漉漉，一眼望去，花花绿绿的伞，似五彩云霞，在雨中飘逸，游走。一场措手不及的急雨，总会把父亲招来，他一手扶着一辆长征牌自行车，一手撑着一把如盖的黑色尼龙伞，笑眯眯地在校门口等他。

“爸——”老远，他就大声地叫唤。

父亲用袖管把后座擦干，扶他坐上去，然后，左脚踮地，右脚蹬车，“嗖”的一声，在雨中飞驰。黑大的伞稳稳地把他给罩住，那是父亲赐予他的晴空。回到家里，父亲的前胸、衣袖、裤管湿得滴水，整个就是半只落汤鸡。

小地方没有接送孩子的习惯，他老盼望下一场无征兆的雨，那样，父亲就会撑伞骑车来接他。更多的时候，去上学就大雨酣畅淋漓，母亲替他穿好胶鞋，扶正书包，教他打伞上路。“不要去踏积水啊！路上小心——”母亲的叮嘱在一阵阵风雨中弱了下去。

水里的眼睛

他不会游泳，看着身边的同学结伴到赣江畅游，便寻思要学一学。

那天下午，他和一帮同学一起来到赣江边上，艳羡地望着如煮饺一般的人群。这是一处巨大的沙滩，对面就是新市府门前的秋水广场，水里岸上到处是人，有套泳圈的，有畅游的，有学泳的，也有不少看客。

经不住大伙的怂恿，他扑通一声，下水了，和一些初学者一起，在浅滩手拨腿蹬地戏水。

他手撑沙地，以螃蟹之姿，戏游，越玩越开心。明显是大意了，他怎么也没料到水里有巨大的沙坑——那是采沙船留下的杰作。正在兴头上，他滑入沙坑，水深至四五米。他留下一句“救命”之后，身体不断下沉。

人太多了，没有谁听见几句“救命”之声，只有他的同桌有所警觉，鱼一样游去，沉到水中，摸索他这个旱鸭子。他看到同桌那双水仙一般的明眸。

和所有悲情小英雄的故事一样，他获救了，而他的同桌因精疲力竭，困在水深数米的大沙坑里，魂归西天。在这一突发的灾变中，同桌那双在水里的眼睛深深地烙进他的心灵，眼神流露出对生命的敬重，以及在灾难面前的无助。

同桌躺在太平间的时候，他很想看最后一眼，但被父亲强行拉住了；同桌在殡仪馆火化的时候，他很想去送最后一程，但被母亲拦在家里；他还想着去看看同桌的父母，但是……父母的理由很简单，若是承认了被救一事，他们家里肯定会索赔，索性全部推掉，莫奈我何。

不久，同桌的父母来到家里，只想问一问，我儿子为救你儿子人都死了，你们怎么也不来看看，或者过问一下。他父母蛮横地将他们挡在家门外，并声称："你儿子的死与我们家小孩无任何关系。我们的孩子命大福大——"他一点儿也听不下去了，想和父母理论，却发现门反锁了。想起水里的那双眼睛，他痛哭不止。

同桌的父母还未从失去儿子的悲痛中解脱出来，又遭此羞辱，悲愤之际，向法院起诉，讨要说法，恢复儿子的英名，并索赔 10 万元精神损失费。上法庭之前，父母要他咬定自己不是同桌救的，这样一来，同桌的父母必输无疑。他不答应，便遭到呵斥、鞭打。

法庭上，双方父母唇枪舌剑，同桌的父母处于下风，已无力回天。轮到他出庭作证，语惊四座："我的命是用我同桌的命换来的，往后，我也是他们的儿子。这 10 万块钱，我爸爸妈妈不还，长大后，我一定还上！"

他的父母气得脸红脖子粗，疯了似的大闹法庭："小孩子说话不算话的，不算！"而他径直走到同桌父母面前，跪下，大喊一声："爸爸——妈妈——"

回到家里，父母扇了儿子几个耳光，逼问他："你为什么当庭说傻话，做傻事，让我们难堪？10 万块你以为那么容易赚？"

他流泪对父母说："我不能对不起自己的良心，不能对不起水里的那双眼睛。"

想象力的价值

看着黑板上一个用红粉笔画的圆圈，幼儿园的小朋友会说是太阳、火球、西红柿……小学生会说是哪吒脚下的风火轮，灌篮高手手上的篮球……到了大学，天之骄子的大学生们只会不屑一顾地哼一声：不就是一个圆圈嘛！

不少教育工作者发出感叹：我们培养出了许许多多的大学生、硕士生、博士生，但不少是以失去他们的想象力为代价的。孩子们越大，想象力越趋近于零。想象力的缺失，是一个民族失去创新和活力的外在征兆，那是一件非常可怕的一件事。难怪有志之士不停地呐喊：中国人失去了想象力吗？

我们一味地扼杀孩子们的想象，是因为察觉不到想象力的价值。教师和家长在学生的想象力上捞不到什么好处。想象力提不高升学率，想象力换不来读大学的门票，它只能是拉学习成绩的后腿。所以，想象成了众人诛之伐之的对象。

在想象力值多少钱方面，外国人给我们的大人们上了生动的一课。

在报上看到一则消息，说在瑞士举办的圣加仑——国际学生经济管理论坛，有 6 名中国的大学生在听众席上就座，聆听了来自世界 500 强企业的总裁的演讲。这 6 名中国大学生的往返机票，食宿等价值 3 万元的各类费用由主办方买单。主办者为何会为远在中国的6名大学生提供这出国学习的机会？究其原因，是这6名大学生超乎寻常的想象力。

徐蕾是这6名大学生中的一位，她的应征“论文”题目叫《关于本次主题的一个意外》，全文仅500个英文单词，打印出来还不满一张A4纸。徐蕾是在看到外婆吃剩饭之后，发挥自己的想象，写就此文的。她从“节俭”出发，劝告人们要保持一个度。她写道：“补旧袜子的时候，你有没有想过你花费的时间，而这些时间你完全可以用来惬意地享受一杯咖啡？当你用微波炉等加热剩菜剩饭的时候，你有没有考虑过你所要耗费的电和燃气？当你反复洗一件衬衣的时候，你有没有想过你用掉的水和肥皂呢？在我个人看来，在彻底耗尽某一商品使用价值的时候，我们可能没有意识到我们是捡了“芝麻”——旧袜子、剩饭菜等，而掉了“西瓜”——时间和乐趣。权衡利弊，还值得去“殚精竭虑”吗？

多么绝妙的想象，多么有力的论证啊！

老外们告诉我们，这想象力至少值3万元，所以给她提供了这次出国学习的机会。其实，一个人的想象力何止3万元呢？大到航天飞机，小到裤子拉链，给人类提供多少便利的东西，哪一种不是人们想象力的结晶呢？可以这么说，一部人类文明史，正是一部人类想象力的发展史。

有一个扼杀想象力的经典故事是这么说的：在一个幼儿园里，老师问小朋友：“雪化了，变成什么呢？”一个小朋友站起来回答说：“雪化了，变成了春天。”老师训斥道：“不对！”又一个小朋友站起来回答：“雪化了变成水。”老师这才笑了，说：“你答对了，吃块糖吧！”

多么希望老师们把糖奖给“春天”，那是无价的想象在发出智慧的光芒。但愿实属无价之宝的想象力，在不久的将来，迎来属于它自己的春天。

打造属于自己的那一版

朋友曾经在县化工厂上了几年班，下岗后，在广州打工，做的是与老本行风马牛不相及的工作——缝纫牛仔裤。没出三年，他租起厂房，买了机床，招来工人，当起小老板来。千难万难，没有把他难倒。但是，有一件事，让他一筹莫展，这就是牛仔裤的款式设计，用他们的行话来说，好版难求。

生产牛仔裤的大公司都高薪聘请服装学院毕业的高才生专门做板型、版式设计，一根根简单得不能再简单的线条在大版纸上纵横，构成无比金贵的裤版。朋友请不起设计人员，走旁门左道，买来销得火爆的成裤，依葫芦画瓢，稍作改动，便做出自己的板型。

我惊疑地问："这会不会构成侵权？"

他回答得很干脆："应该算是侵权了。但是，谁会计较我们年产几万条牛仔裤的小厂？不过，这样的局面也不可能长期维持下去，总有一天，我要做出属于自己的那一版。否则，在这行就无从立足，没法混下去。"

我想起母亲不止一次对我说过的那句话："有样跟样，没样看世上。"这句质朴的乡村俚语告诉我，模仿是多么重要。人生初始，一片空白，如何描绘自己的线条，怎样沁染自己的色彩，第一步就是看看世上，看看别人，怎么通俗怎么来，怎么流行怎么追。小朋友作画，临摹是必不可少的一环，习作者作文，摹写是不可或缺的步骤，世上工种工序成千上万，莫不如此。

然而，当你在风景熟稔的模仿之路上，健步如飞的时候，新的课题出现了：如何打造属于自己的那一版？这是为亮丽人生所必需的。

重复别人，重复自己，人生线条会消淡，生命色彩会隐退，依旧是空茫一片，不知来路，不明去向。摹写可以让自己迅速提高写作水平，但它终究有一个限界，一路摹下去，今世也别想出彩。仿古瓷永远不可能陈列在艺术长廊，它的名字只叫“工艺品”。现代化的水泥森林不具有传统特色，它只属于冷漠。模仿是初学者的双刃剑，它仅仅是打造自己人生版式的桥梁，而不是通衢，是人生的手段，永远都不是目的。

几年过去了，我的那位朋友，已然打造出属于自己的牛仔裤版式。他的工厂已从一条机床线扩展至 21 条，自己的版式已成加工区追逐的对象——别人正在模仿他的版式呢。他告诉我，与他一起开厂的人，有亏有盈有关门的，生产自己版式的老板，大都生意红火，重复别人的样式，大都败退。

一位著名画师曾一针见血地指出：“亦步亦趋学我者死，惟妙惟肖似我者生。”语曲意同，还是那句话：无论如何，要千方百计打造属于自己的那一版。

打造属于自己的那一版，是各行各业之人恪守的一条黄金职业法则，更是人生不朽的尊贵信条。

树

一河隔两岸，东边是繁华的城市，西边是幽寂的树林。河西，绿树掩映下，一排排树肃穆而立，一个个人清淡而活——这里是一个研究树木的科研所。沟通树林和城市的是年代久远的古渡，一个糟糕的老人撑一条破旧的渡船，一天到晚在两岸之间摆来摆去。

河西树林人学林研林用林，同时又厌林弃林逃林，埋怨自己进错大学入错行。实在耐不住清寂和贫寒之苦，是人才的不是人才的都向往外面的花花世界。“走四方，闯天下”成了他们最高的集体无意识。所里不强人所难，谁想走拍屁股立马就可以走人。他们深知“身在曹营心在汉”是干不出一番事业来的，坑了所里也误了人家的前程。

背起包袱，踏上渡船，离林人心如飞鸟，仿佛远处成功在等候，当然也不忘说一声：“树木、树木、木头、木头，再待下去人都要变成一棵树，脑袋快成了木头！又苦又穷，适宜长树，不适合人住。”

摆渡老人眼睛眯成一条缝，似笑非笑，漫不经心地说：“不回来了，年轻人？”

“不回来了！”年轻人恨恨地说。

这样的话老人不知听了多少遍。老人把很多年轻人摆出树林，摆得河西树林更加幽寂，甚至有点凄凉。

一天，河东上来了一个戴眼镜，背行囊的年轻人。

老人问："从哪儿来呀，年轻人？"

年轻人说："北林（北京林业大学）。"

老人说："好，有名的大学哪，往哪去？"

年轻人说："对岸呀！我来这儿工作。"

老人说："好，搞树木的好，清静。当然，也清贫。"

年轻人说："干事业需要清静，清贫不算什么，这我有准备。"

老人说："对了，人要向树看齐。树籽落到哪，就在哪生根发芽，临风而生，吸露而长，不择土地优劣，沃土长成一棵树，瘠土照样长成一棵树。树不埋怨自己命不好，也不羡慕别人的机会比自己佳，只求活出自己的风采，长出自己的特色。树深深扎根土地，不委身于风雷，不屈服于雨电，唯一的目标是向上长。树其实很平凡，但树的精神不平凡。年轻人，你说呢？"

年轻人说："你说得太好了。"

老人站在船上目送着年轻人上岸。

老人心里说，年轻人，能长久待在河西么？以后的日子，好自为之吧！

年轻人心里说，不愧是科学的殿堂，连与科研所没甚关系的摆渡老人都有满肚子的树的哲理。

年轻人久久地伫立在西岸古渡口，油然而生对河风中的摆渡老人和树林丛中的科研所的敬意。年轻人在河风吹拂下，对未来信心满怀。

岸上岸下，一老一少站成两棵树，两棵风中的人树。

芦荟流泪

我有一个朋友在一所民办大学里教新闻，她是一位很出色的老师，教的学生有不少应聘到报社电视台，成了那儿的骨干记者。和别人不一样的是，她有一个朴实的理念：新闻记者就像一支粉笔，随时都有被折断，甚至粉碎的危险，但是只要一息尚存，就要在黑板上留下正义之言，传递真理之声。这是她给新生上第一堂课就要反复强调的，学生们听闻此言，往往热血沸腾，跃跃欲试。

由于经常在粉笔灰中穿梭，她的皮肤变得有些粗糙，冬天来临的时候，双手处处皲裂，裂痕处凝着细小的血痂。学生们非常爱她，就派代表到花鸟市场买来一盆嫩绿的芦荟送给她。她每天涂抹芦荟汁，双手不再开裂，粗糙的皮肤慢慢地细嫩起来。

在她的心里，芦荟不仅是一种植物，还代表着学生对她的一片纯真的爱。

后来，她跳槽到电视台做记者，因为不舍得那盆芦荟，便不辞辛苦地把它抱到办公室的阳台上，让它每天享受阳光和水的滋润。芦荟健康地生长，散发出鲜活的魅力，就像它主人一样，具有年轻的活力。她在芦荟的滋润下，采编了一则又一则新闻，在圈里迅速走红。

这天，办公室的同事看到阳台上的芦荟纷纷议论开来："芦荟是个好东西，可惜市面上假货太多……”“市场里假冒名牌的芦荟产品杂七杂八什么都有，芦荟洗发液，芦荟营养液，芦荟美肤宝……据说都是借芦荟之美名，行假冒伪劣之恶行。”更让她心惊的话是：“听说很多芦荟产品都掺进了化工原料，伤人呢！”职业的敏感让她警然，聊天还在继续，她已带着暗访设备赶赴市场做调查。

节目出来之后，她接到一个陌生人的电话：“你就此罢手吧，你给我活路，我也给你活路。大家都不想看到鱼死网破的结局。只要你提条件什么都好谈。”她坚决地回答：“只要你不再做伤天害理的事，我什么都好谈，否则，我们将跟踪到底。”追踪报道对这些人来说，无疑是灭顶之灾。

不久，她在一次“偶然”的车祸中失去一条腿，“芦荟事件”才告终。在交警的处理记录中，没有“谋杀”一说，但她当记者的学生们都知道，谁是真正的凶手。

她住院的时候，作为同行的学生送来许多盆鲜嫩的芦荟，每一支芦荟都被掐了头，然后，挤绿汁涂抹在老师的手上。那新鲜的断头处，噙着浓绿的芦荟汁。当天多家报纸都刊文声援她，用的是同一个题目：《芦荟流泪》。

她享受芦荟之美，为了这种美她又遭到极悲惨的命运。那天我去医院看望她，眼前这满屋子流泪的芦荟，让我深深地明白：天下的芦荟都长成同样的嫩绿，世间的正义都喊出同一种声音。

感觉最重要

李教授是景德镇陶瓷学院的知名陶艺专家，手下每年都有一批硕士研究生毕业。离市区30分钟的车程，有一处“世外陶源”——三宝陶艺研修院，那是他一手创办的工作室，也是他为研究生们上最后一课的地方。

学生毕业前夕，李教授都会带他们来三宝上最后一课，在古老的辘轳车上，找寻古艺人手工拉坯的感觉。学生们对拉坯是再熟悉不过的了，在学校的实验场里，现代化的拉坯机只要一通电，就能均匀地旋转，湿手，捏模，拉坯，起坯，手到坯成，游刃有余。拉坯是陶艺的基本功，也是最初的工序之一，学生个个精于此道。

他们对李教授大兴复古之风的最后一课很是不解，惊疑地问：“教授，我们一开始就学用电动拉坯机，现在都习惯了，为什么还要我们学习辘轳车？”教授微微一笑，说：“你问得好。我为什么要你们来学习用辘轳车拉坯？就是要让你们找感觉，找回自然的感觉。真正的陶艺不是工匠做出来的，应该是自然流露。现在请大家看我怎么用辘轳车手工拉坯。”

只见李教授把和好的泥放在车盘上，用力捶打至熟，沾上水，揉成一团，然后把摇棍插到辘轳车摇孔里，用力摇摆，辘轳车载着陶泥飞速运转。他轻揉慢捏，缓缓地拉出一个碗坯，棉线一放，坯起车停。学生们看傻了，原来，手工拉坯居然是这样完美。

李教授说："和一直匀速运行的拉坯机不一样，辘轳车会自动停下来，当你把棉线划开成型坯与瓷土，双手起坯的时候，那一刻的快感，就融合了拉坯的所有快乐！这一系列的动作，是流畅的，是自然的，就像我们呼吸一样。"在教授的指导下，学生轮流坐在辘轳车前，摇车，拉坯，起坯，古老的辘轳车让他们体会到拉坯的感觉原来是这样的。

夜色迷漫，灯光下，教授告诉学生："做陶瓷，感觉最重要，没找到感觉，那就永远与陶艺有三尺三的距离，只能做一个平凡的陶工。做人，感觉仍然是最重要的，当你活得没什么感觉的时候，生命只剩下苍茫，离绝期也就不远了。"

感觉最为重要，此话一点儿也不假。作家要有语感，音乐家要有乐感，画家要有色感，甚至，记者要有正义感，师者要有教感，泳者要有水感……所有的感觉都是源于自然的，自然的总是与苍天相契，与苍生相合。缺乏感觉，只能在量上徘徊，而不能实现质的飞跃。感觉的两边，一头是工，一头是艺；一头是造作，一头是天然；一头是"见山是山"，一头是"见山还是山"。

三宝之夜，学生们体会了手工拉坯的快乐，明白了感觉是生命的支撑，是艺术的魂魄。

别让理想鸟飞走了

一位老猎人在林中邂逅了一群鸟，颇为兴奋，拉栓举枪之余，不禁翩然联想：这么多鸟，随便放一枪，即便倒霉也能收获不菲。猎人不再像平时那样，凝神静息地瞄准目标，心手相应地扣动扳机。枪响了，受惊的鸟群一哄而散。猎人拥枪赴群鸟“应枪而落”之地，仔细寻找，令他大惑不解的是：除了几片美丽的鸟羽，别无其他。

自恃精明的老猎人苦笑一声，空手而返。

听到这个故事的时候，我正处在路路不通，样样失败的当口。细细一想，自己犯的正是与猎人同样的错误，贪多而务得。

毕业后，我重拾起在校时十分厌恶的会计学课本，准备从会计师到注册会计师一直走下去，走向理想光环的中央。这期间，恰巧我发表了几篇小文章，儿时的作家梦又日渐清晰。怀着十分的欣喜，十二分的自信，我在自学考试处报了名，参加汉语言文学专业的考试。几场考试下来，结果出乎我的意料之外，但都落在情理之中。注册会计师梦被那场考试撕得粉碎，作家梦在出师不利的自考中也摇摆欲坠，我陷入了两难的境地。

理想是只什么鸟？

我们不妨多问问自己，问清楚了再行事也不迟。古人云：“十鸟在林，不如一鸟在手。”话虽俗了点，也不够环保，但揭示出了深刻的道理。人的理想多了、滥了，直接后果是天马行空，不切实际，分散了精力，又消耗了时间。多年后，你蓦然回首，一路空遗一行弯弯扭扭的浅薄的脚印，了无奋斗的足迹和拼搏的记忆。

人不是铁打的圣人，有足够的精力让你支配，有足够的智慧让你发挥。食五谷杂粮的凡人，一步一个脚印，一段时间一个理想，才有真真切切的感受和实实在在的成绩。理想不是多味花生，越吃越有味，越多越欢喜，多了，终会变成令人伤心落泪的空想。面铺得太大，收不拢；台阶伸得太高，下不来；理想定得太多，实现不了。

有一个令许多男人尴尬的问题，不知难倒多少人：你的母亲、妻子和女儿不幸落水，救谁？舍弃哪一个都不甘，掂量来掂量去，不知所措。其实，问题很简单，救离你最近，最有希望获救的那一个，才是明智之举。你苦思冥想该救谁，只会贻误宝贵的时间，错失最佳的救人时机。你想全部去救，体力不支，救不到亲人不算，反而搭进自己的性命。理想何尝不是如此？未付诸行动，先定一大把的理想和目标，朝三暮四，朝定夕改，既浪费光阴，又虚度生命，何苦来呢？

理想是只实在的鸟，你一旦选定它，就花大力度去奋斗，去追求，沿途有苦有难不必灰心丧气，一路有喜有乐无须贪图迷恋，到理想变成现实的那一刻，你会发现追求结的果竟是如此之甜，奋斗而来的景会是这么美。

理想之鸟无须太多，有一只就行，它会带我们去梦寐以求的乐园，领我们进入辉煌灿烂的人生境界。贪多而务得，别让理想鸟因你膨胀的意念而飞走了。

集装箱效应

在大学里，我选修了一门与会计专业相距甚远的冷门学科“储运管理”。那时，“物流”在社会上还是一个生僻的名词，“储运”才是人们所熟知的，其实，它们是一脉相承的。教这门课的李教授是位年近退休的老者，一肚子的哲学，上课讲的都是稀松平常的身边事，理儿却极深，于轻松逗乐之中，阐释深刻命题。

他给我们上的第一堂课叫“集装箱效应”，翻书查找它究竟处在哪一章节，却不得结果。李教授说：“集装箱效应是我创立的，书上没有。这究竟是怎样一种理论，先来听一个关于集装箱起源的故事——”

马尔科姆·麦克莱恩是美国北卡罗莱纳州迈克斯顿的一名农村青年。1931 年，他购买了一辆车跑运输，因为刻苦勤奋，诚信经营，生意越做越大。后来，他接到的货运业务是直送港口码头。1937 年夏天，马尔科姆把一车木材紧急送往新泽西州霍博肯码头，下车装船时，离轮船开行只有 6 个小时。他急得不行，生怕误了装船。木材上船刚刚结束，船就鸣笛起航了，马尔科姆有惊无险。

打这起，他就在琢磨一个问题：能不能把货物一次性送到船上，从而节省劳力和时间？

通过数十年的潜心钻研，马尔科姆·麦克莱恩终于发明了储装箱，解决了装船慢，货物累积量小的历史性难题。1955 年，他收购 Pan · 大西泽公司，着手将自己的发明付诸现实，把公司里的油轮改造成储运货物的大金属箱——即现代集装箱的雏形。

1956 年 4 月 16 日，他的第一支集装箱船队“理想 6 号”驶出了纽瓦克港。从此世界储运史悄悄地翻开了新的一页。

集装箱用于储运，码头装卸时间大大缩短，由数天压缩到数小时，而且每一艘船只的储运量比以前提高了 5 倍，美国到欧洲的货运时间足足减少了 4 周。

故事讲完了，李教授说：“你们都是学会计的，知道‘利润最大化’是工商业界的一条铁律，与此类似，储运行业也有一条：货物储运量接近运输所能承受的极致，就能创造最大的价值，也就是我所说的集装箱效应。”

听到这儿，作为未来会计师的我们多少有些共鸣。正在那时，李教授话锋一转，把效应提到人生的高度：“人生也莫不如是。做人就是要把自己潜在的能量发挥到极致，才会拥有集装箱人生，得到沉甸甸的收获。”

大学毕业后，我没有做会计，过去的知识大都遗忘殆尽，唯有李教授在这门冷门课上提出的“集装箱效应”，还深深地烙在大脑里，每每忆起尚能看见教授那副自豪的神情，以及指导时透出的那份自创“效应”的自信。我学非所用，弃商从文，用一支笔打拼人生。我之所以没有对陌生的路产生恐惧，只因谨记着李教授的人生“集装箱效应”，努力地把自己仅有的一点特长发挥到极致。

人生就是一艘空的远洋油轮，我们的目标就是要巧妙地造出一只只集装箱来，凭借自己一点一点地努力，把智慧、才情和学识化作“货物”去充实。灵活运用“集装箱效应”，我们就能在最短的时间，收获最多的人生之果，创造最多的生命奇迹，欣赏最多的美丽风景。

伤自尊的忠告

肖伟是一家跨国公司的高级主管。能有今天，肖伟要感谢那条曾深深地伤及他自尊的忠告。当年侮辱他的人，是他小学五年级的班主任徐老师。

肖伟的父亲贪赌成性，钱财输尽，家徒四壁，母亲每每抗争，总遭到暴打。从小他没过过一天安生日子，在这种家庭背景下，他成了一个“老油子少年”，什么坏事都敢做，什么禁忌都不怕，学习成绩更是一塌糊涂。学校碍于他父亲的暴戾，也不敢对他怎样，只要不在学校犯什么大事，就由他去。

读到五年级，徐老师从乡中心小学调到学校任校长，担任他的班主任兼语文老师。徐老师得知肖伟的家庭情况之后，对他特别关心，夸他聪明能干，鼓励他好好学习，但他玩性太重，心野了，无法收回。肖伟依然我行我素，整天疯疯癫癫，打打闹闹，没有一刻静得下来。

临毕业，徐老师使了撒手锏，禁止肖伟参加小学升初中统一考试，因为，他注定是考不上的，应考了只会降低升学率！肖伟的母亲来到学校，对儿子不能应考一事提出质疑，并像泼妇骂街一样，痛骂徐老师。

围观的人越来越多，一直不吭声的徐老师，突然大声说：“肖伟，你这样下去能考上大学，我死给你看！没出息的人，不要给学校丢脸了。”

就这一句，让他母亲静了下来，她忍着不流泪，拉着儿子回家去了。

至于有没有参加那场考试，肖伟自己也记不起来了，他只记得当时母亲脸红了，自己愤怒了！从那时起，他便下定决心考大学，让这个在众人面前极大地伤害自己自尊的徐老师死给自己看！

他中考考了两次，高考考了三回，终于在 1998 年考入北京商学院。

那个夏天，他拿着入学通知书去找徐老师，发誓要这个狂妄的人兑现 10 年前的诺言。

在路上，他把 10 年前的经历仔细回想了一遍，那些过往的人生片段，像黑白电影一样，在脑海里淡入淡出。下车后，走在村庄的街巷里，他顿悟了："如果没有那次伤及自尊，如果没有那条忠告，我这辈子也别想上大学啊！这不正是徐老师对自己的激励吗！"

他向村人打听徐老师的住处。现在，他不是要兴师动众责问老师，而是改变了主意，要登门向老师道谢。

叩开徐老师的家门，老师不在，师母手指山后，那是一座新修的坟茔。就在前不久，徐老师因劳累过度，去世了。

当年徐老师因材而施教，却被自己误读了十年，直到自己受其惠泽，还耿耿于怀他的"出格之言"，要他死给自己看。

想起这些，肖伟长跪在老师坟前，默默流泪，祈愿老师宽恕，祝福老师安宁。

临走的时候，他在坟前采了一束无名的白花，夹在录取通知书里面，淡淡的原野之味渐渐从那鲜红的纸张里逸出，在空中飘散。

他感觉那是徐老师人格的馨香，教育的馨香。

从此，那束无名花代替那句忠告一直陪着肖伟，而那抹幽香在花枯之后，已渐渐融入他的生命之中。

被人记住是一种无法言说的幸福

幸福有万千姿态，你是否品味过这一种：被人记住。

大街上，你突然被久未联系的儿时伙伴在嘈杂的人群中大声地叫出名字，惊疑过后，感觉喜从天降。那是一种无法言说的幸福。电话里，一个陌生的朋友亲切地要你猜猜他是谁，你猜了半天没猜出来，一经提醒，立马顿悟，原来是你这厮！那感觉就是一种无法言说的幸福，一种被人记住的幸福。

一对外地来的夫妇在我家楼下开了一家小餐馆，每天早上供应南昌特色拌粉，食者如云，生意出奇地好。记得搬来这儿后，第一次去他们那儿吃早点，我给她提了个小小要求：佐料只放葱、蒜、虾仁、花生米和鲜辣椒，绝对不要给大家都喜欢而独我厌恶的豆酱、鸡精、辣椒粉和萝卜干。此后每次去，她总能在那么多顾客当中，清楚地记得我的喜恶。

在这家油渍遍地的小餐馆，我不经意地凿开了一眼泉源，幸福的线泉在心里汩汩地往上冒。所以，每当妻子没时间做早餐的时候，我都会到楼下那对中年夫妇那里找寻被人记住的感觉。我甚至想，这对夫妇能把这家小早点摊摆上五年，而且越开越大，其中定有他们能记住顾客习惯这一因素。也许，这正是他们制胜的法宝。这不正是记住人的回报吗？

有一则这样的感人故事。

一个小女生其貌不扬，成绩也不出众，几乎所有任课老师都不点她的名。她感觉自己成了被老师们“遗忘了的角落”。她很灰心，觉得十分没趣，学习成绩怎么也搞不上去。

一次，她忘了把作业本交给科代表，一个人战战兢兢地来到老师办公室，把本子一放，扭头就走。那一刹那，老师准确无误地叫出了她的名字，表扬她按时完成作业，并鼓励她好好学习。她立在原处，感动得不知所措。

那一声叫唤，小女孩感觉到了那种被老师记得的幸福，心里的阴云一扫而光，阳光照亮心窗，她快乐得像一只可爱的小鸟。

这个故事是我刚做教师时，年逾半百的教研组长说给我听的。当时，直感到故事有一种穿透力，直达心灵深处。始信，有一种行为方式，在给人幸福感的同时，也能让人产生自信，甚至由此走向自强。

如果你爱他，如果你对他好，或者，如果你想对他表达自己的感激之情，不需要别的，只要你能够在若干年后，仍然记住他，于万千人名中，准确无误地说出属于他的那一个。记住一个人，是对他最高的敬重，是对他最好的回报。

记住他的一颦一笑，记住他的一言一行，记住他的好与不好，记住他的圆熟或稚嫩，记住他的风光和落魄，每一粒记忆因子会因为你的不忘，而飘散迷人的芬芳，那是感情经岁月封沉之后，打捞出来的人生佳酿。

喝一杯，足以让那个被你记住的人，醉倒在幸福之中。

走不出这片风景

校园其实没有什么风景，一堵围墙，三四幢大楼，七八行树木，仅此而已。简约而至美。我隐匿在这至美风景里，品读日子的悠长韵味，领略为人之师的庄严风范，虽然清苦，虽然单调，却无心走出校园，远离这片怡人的风景。

父亲是乡村小学的民办教师。我两岁那年，随同父亲进入校园，开始了今生的校园之旅，铺展出这片求学、治学、教学的风景。父亲是我的第一任老师，更是我永远的师长。他言传身教，让我懂得许多科学文化知识、为人处世的道理，脱离蒙昧，走向成熟。他清贫一生，寒酸一世，唯有思念留在他千千万万走过沧桑、走遍天涯的学子心里。我告别学生生涯，走向三尺讲台，父亲已不在人世。其为人的品性，为师的风骨却深深根植于我的内心，注定影响我的一生。

印象最深的是校园悠扬的铃声。

在那座遥远的乡村小学，父亲教书兼司铃。父亲摇响了那个破铜铃，惊醒了沉睡经年的村梦，摇落了一地太阳。清清凉凉的铃声是学习的号角，是知识的召唤，传遍村前村后的山山水水。

读了一年又一年书，换了一个又一个校园，学校的铃，已由铜铃变成电铃、自动电铃，铃声由清清凉凉而脆脆甜甜。铃声伴我成长，铃声催我奋进，我在铃声中走进校园，走进课堂，走进知识的世界。

我的日子从早上第一道铃开始，备课，上课，批改作业，下班辅导，找学生谈心，至晚上最后一道铃，才心静如水，熄灯就寝。校园生活是宁静的，有单纯的学生做伴，有清凉的树荫作陪，生活充实，一点儿也不空虚。

校园最大的风景是那些难以割舍的可爱的学生。一个学生是一本书，一个学生是一棵苗，为了书的内容更丰富，为了苗的茁壮成长，流一些汗，吃一些苦，又算什么呢？辛苦教书几度春秋，一批学生走了，心里便掏空了似的，一批学生来了，心里又点燃希望的火种。

我那些牵肠挂肚的学生呵！

每每看到别人生活富足，眼瞅自己一贫如洗，便想出去做事，再怎么样也不会比在校园里差。念头一出，想想大部分学生来自农村，进城求学不容易，听听学生那一句令人心颤的呼喊“陈老师——”再强的念头也付诸不了行动。

站在讲台，面对一双双明亮的眸子，一张张求知若渴的脸，一种使命感和责任感在内心升腾，所有的愁苦，所有的忧虑，顷刻间烟消云散。讲台是我人生必不可少的道具。黑板是我心灵的留言板。教书育人，是我永不知倦的追求。

“学高为师，身正为范。”这是对我无声的鞭策。

校园里有父亲的影子，有脆甜的铃声，有我今生不变的梦想，我这一辈子就心安理得地交给宁静的校园。

一生的眷恋，一世的追求，今生我走不出这片风景，来世还要在这片风景徜徉。

守夜提灯人

一盏油灯，一块黑板。

一位老师教一群农民认字：“稻谷、科学、磷肥、节气、土壤……”黑板前，油灯下，老师用心教，农民认真学。我坐在边上看得入迷，看得上眼皮跟下眼皮打架。不知道什么时候，母亲把我背到床上，我沉沉入梦，梦见自己也站在讲台上，台下站着一群学生，在黑板上写字，把暗夜和山村，写得明亮如春。

他是我的父亲——陈贵亮，做了一辈子民办教师的中国农民。

所谓教师，就是为走在求知道路上的人守夜。替人守夜的时候，每一位老师都提着一盏灯，照亮人们前行的路。

父亲的精神感召了我，多年后，我实现了自己的梦想，正如那首歌唱的那样——长大后，我就成了你。成了一名守夜提灯人。

一份报纸，一次采访。

2005 年初夏，好友陆先生从北京回来，在南昌创办一份时尚生活彩报。

他第一时间找到我，要我帮他做些策划，写点稿子。我立即想到我的学生，特别是他。他是中文专业的大二学生，为人朴实，灵活聪明，颇有文采。

我把这事在班上说了说，招募采写人员，他第一个站起来，说：“陈老师，我去!”我简单地传授了一点采访技巧，然后，他领着四五个同学，四处忙开了。那时，我定调子，出点子，大部分事，都放心地交给他带领的团队。

几轮采访下来，我这些可爱的同学们连续采写的稿子超过数万字，见报的文图多达十几个版面。

他是江西晨报社周刊主编曾悦之先生。

一次受骂，一份感动。

2014 年五一劳动节，我在赣州旅游，她通过微信知道我要来，便以朋友圈评论的方式，告诉我她和老公要一起宴请我，并把预订的酒店包厢告诉我。

她是 2005 级文秘班的学生。

酒桌上，她说：“陈老师，在学校我默默无闻，你可能都不记得我了。但我一直存了你的手机号码。去年又通过手机号加了你的微信。你知道吗，你一直是我敬佩的偶像。因为你，我才做了老师；因为你，我才有了今天。”我说：“你言重啦！一切都是你自己努力的结果。”

原来，她一直感动的是我那一次劝说。

她宿舍有个女生陷入传销后，大家感觉无力回天，都把她彻底放弃。而我没有，试图劝浪子回头，结果被那位女生大骂了一通。我没有恼，只是默默地站立，站成一尊无奈的塑像。我春风化雨的教育方式，让她产生心灵的触动。

多年后，她也成了一名老师。

她是赣州市文清路小学语文教师廖欣。

近二十年来，他或者她，于我，还是数千之众。

“桃李不言，下自成蹊。”桃李芬芳香天下。

曾几何时，我有一个梦想——做一名教师，教书育人。十多年的学习，十多年的努力，我终于站在了三尺讲台，圆了自己的梦。

有一句话说得好："工作着，是美丽的。"在美丽的工作旅程中，我一直在思考："教育的灵魂是什么?"桃李满天下的今天，我终于可以给出自己的答案——为灵魂守夜，给行路人提灯，抚慰成长的心灵。

教育家雅斯贝尔斯说："教育本身意味着：一棵树摇动另一棵树，一朵云推动另一朵云，一个灵魂唤醒另一个灵魂。"

我想补充一点，教育不是牧羊人，而是守夜人；教育不是撞钟人，而是提灯人。

今生今世，不求名，不慕利，不恋权，不迷势，唯愿做一名守夜提灯人，为爱筑梦，为美而永远坚守。

第三辑
父亲的夏日汤

那盈盈的瘦汤汁，映出了父亲生活的不易，耐苦，乐观。

这不是一般意义上的美食，已然成了我的精神图腾，让我敢于在困难面前抬头，在挫折到来时挺胸，在大山压顶之前，仍能保持37℃的微笑。

我没喝过父亲的夏日汤，但它却滋养我的灵魂，从开始到永远。

爱丁堡的长椅

一个远房亲戚在苏格兰爱丁堡大学留学，回南昌的时候，他给我讲那里的风土人情，印象最深的，是那里的长椅。到处遍布长椅的爱丁堡，风景别样美。

在爱丁堡，公园里、街边上、公共汽车站旁，各式长椅比比皆是，不像我们国内，只在公园和高档小区里才能见到。爱丁堡的长椅有一大特色，那就是它们都是普通公民捐赠的，而且还在醒目的位置，刻有捐赠者的姓名和留言。

看看那些千奇百怪的留言吧：

“女儿今天出生了，我们祝福女儿快乐成长。露丝的父亲母亲捐。”

“纪念哈里·史密斯先生。本椅由他的妻子玛格丽特捐赠，愿所有在此休息的人感到满足和幸福。”

“怀念布鲁士·哈特教授，卒于 1985 年 7 月 1 日。爱丁堡艺术学院音乐系敬赠。”

“庆祝爸爸今天丢下拐杖。汤姆·格思的女儿艾丽丝捐赠。愿天下所有的人都能健康地行走。”

“纪念克拉克·迈肯锡先生创立了艾博化学公司。公司董事会敬捐。”

……

捐赠的缘由五花八门，捐赠的人物形形色色，三教九流，无所不有，而千奇百怪的留言里，处处体现了一个字，那就是爱。关爱自己的儿女，敬爱自己的父母，深爱自己的人生伴侣，尊爱自己的师长、前辈……每一种爱都化作一缕缕思念，镌刻在经风经雨坐行人的长椅上，散发着温馨之光，流淌迷人的气息。这光比明月还雅洁，这气息比花香更浓郁。

这座长椅遍布的城市，被爱的细节紧密覆盖，被爱的灵语温柔充塞。钢筋水泥是冷漠，而长椅弥漫着温暖和爱，城市因之而个性飞扬。因为长椅，爱丁堡成了一座爱之城。在这里，不管是凡夫俗子，还是达官贵人，都公开发出了自己爱的心声，大胆地向他人，甚至是陌生人，表达暖意和关怀。

坐在自己家里的竹椅上，兀自羡慕起生活在爱之城——爱丁堡的人们来。在那样一座城市，心应该如雨后碧空，澄澈明静吧。每一颗心灵盛下的爱，盈盈如握，经风一吹，便落在休憩的长椅上，生根发芽，芳香满园，永驻人间。

我们没有爱丁堡那样的长椅，但我们有一张嘴，那就要把心中的爱表达出来，说给我们爱的人听；我们还有一双手，就要为爱多做些事，把真情馈赠给爱我们和我们爱的人。爱要我们说出口，更要我们行动起来，每天奉献一点点。

这正是爱丁堡的长椅，对我爱的昭示。

一车善心给母亲

从庐山旅游回来，在火车上碰到不少乞丐。有赖着脸皮的，有唱着小曲的，有小孩牵着的盲人……五花八门，目不暇接。这些乞丐鲜有乞讨成功的。车厢内，人人捂紧口袋，避之不及，烦不胜烦。不是乘客们缺乏慈善之心，悲悯情怀，而是太多的同情遭到欺骗的调戏。谁知道哪个乞丐是骗子，哪一个是真乞？索性一律冷拒。

我亦如此，把同情心用无情的蜡封起来，将怜悯情怀雪藏。

平时上街，总能见到沿街乞讨的人，那是城市街头另类的风景。有报道说，这些人以乞为业，收入远比咱们高，白天蓬头垢面，夜里光鲜如初，吃鱼肉大餐，住高档宾馆。变化之快，真让人瞠目结舌。所以，善心满怀，我也不投钱和关怀给他们，宁愿捐到慈善机构，或者单位扶贫济困活动中去。

车厢那边又来了一个讨要钱财的一个三十岁左右的女人，背着一个婴儿，衣服整洁，表情木然，看上去像是个惯讨。走过大半车厢，她没讨到一分钱，只在众乘客的白眼和不屑中，一步步缓移，羞涩和无奈，浸满她略显苍白但不失漂亮的脸。

突然，她背上的婴儿大哭了起来，只见她迅速将讨罐搁在地上，轻轻地放下婴儿，把他搂在怀里，“喔喔”安慰了几声，飞快地撸起衣服，露出一片干净的肚腹和一只白白嫩嫩的乳房。她把乳头凑到婴儿嘴里，哭声随即消失了！等她发现有人在异样地看她，才羞涩地将衣服往下抻，顺势遮住半只乳房。

我头一个反应就是，她是一个真乞丐！世上没有一个哺乳的母亲会撒谎，没有一个母亲会乐意带自己的婴儿在外乞讨度日。我下意识地掏出钱包，在她讨罐里放进五个钢镚。也许大家的感觉和我一样，纷纷解囊，往她的讨罐里扔钱。

女人噙着泪，不住地给人点头鞠躬，向人道谢，与其说这个女人是一名乞丐，倒不如说她是一位善良的不幸的母亲。女人走后，一个车厢的人都在谈论着她，同情她的遭遇，可怜她的身世，感叹她背上那个不知世艰的婴儿。

一车的善心投给一个带着婴儿乞讨的母亲。

肩上的人生盛景

曾经，他是一个徘徊在城市边缘的浪子。

父亲起早贪黑，到老家去收购黄豆，然后再带回城里卖，母亲早出晚归，在郊区一家织衣厂做工。大人没时间管他，他更不把两个姐姐放在眼里，就那么放任自流，像一叶扁舟在茫茫湖海漫无目的地漂流。他小小年纪，放纵无羁，抽烟、上网、赌博、群殴等，那些少年恶习，总少不了他的影子短不了他的份。

他们一家从农村迁来十几年，他是唯一一个“城里人”，两个姐姐都在农村出生长大，骨子里还有农村娃的习气。这更增添了他的“罗汉式”霸道和嚣张，他蔑视姐姐：“你们有什么出息，乡下妹子一个!”骂得姐姐哭成泪人儿，而这时，父亲气得青筋暴露，话音里都有颤抖：“小子，你难道不是乡下人吗？你有什么资格上街打罗汉？不好好读书，全家都要被你败光!”

他初三毕业那年，父亲掏尽家底，倾囊而出，总算在城郊接合部买了一套二居室的房，结束了近二十年的租房生活。原本过得去的家，一下子跌入赤贫状态。父亲贩卖黄豆的本钱，都是从乡下的亲戚那里借的。母亲因为操劳过度，曾一度住院。而他一无所知，依然故我地瞎混。

父亲为了节省成本，自个儿承担起卸货的重任来。粒粒黄豆，色如金，重亦如金啊，一包包，压得年近半百的他，气难平，痛难消。他知道，自己不能歇一口气，因为这一歇，就可能再没力气接上了。生活，就是这么残酷，这么不心疼人。他在承担之际，还惦记着那个当街头混混的儿子，甚至异想天开：要是儿子能好好读书该多好啊，后年考大学，再过四年在城里找份工作，过上体面的生活！这么想着，劲儿就足了！

他来了，混迹于一帮小罗汉中间，他们的神情如乡下的公鸡，个个高亢，不可一世！突然，人群里传来惊异地叫喊："爸——爸——爸！"他看见了佝偻着身子的老爸，肩上压着沉沉的一麻袋黄豆，压得人成了一张引箭待发的弯弓。

他从人群中走出来，在父亲面前愣了一会儿，刹那间，对他来说，仿佛千年。跨越时空距离，他猛然觉醒，撸起袖管，把一袋黄豆提上肩，步履轻松地扛进店里。混混们见状，紧跟上去，把黄豆压到自己肩上，像一个个古战场的运输兵！

他不知道父亲是一个如此卑微的人，而自己挥霍的，是父亲以一寸寸生命为代价的血汗钱。一肩黄豆，把他压醒了，尽管醒得迟，终归让父母展颜尽笑。

他后面的发展，已大大超出父母想象的最大值，数年后，他考入英国一家名牌大学，在那儿攻读博士学位。父亲还在贩卖黄豆，母亲拖着病弱的身子，仍然在织衣厂做小工，不是没有资本安享眼前的幸福，只是大半辈子劳碌惯了，歇不下来。

这年过年，他回家来，在店门口，远远看见父亲在下货，虽然有搬运工人，但父亲仍不时地做他们的帮手。他放下滚轮拉箱，身着笔挺西装，提起一袋黄豆，就要往肩上送。父亲一把拦住他，责怪道："儿子，你没必要扛这个，太脏了。"他推开父亲，笑答："不脏，不脏。"全街道的人都向他投去怪异的目光，觉得衣着光鲜的一个年轻人怎么能肩扛黄豆呢。知道他是在给父亲做帮手后，人们都说："这样的儿子，难得啊！"

外国留学回来的儿子在大街上扛黄豆！一时间，他成了一条街最抢眼的风景，那么突兀，其实，是那么和谐。

只有他明白，肩上扛起的是人生最美的风景，在这风景里，一个迷失的孩子找到人生的亮光，寻到一条通往光明的路。而弯成一张弓的父亲，是这风景里永不倾覆的标杆。

大难来时

俗话说："夫妻本是同林鸟，大难来时各自飞。"古往今来，多少大难中的夫妻，无情地钻入这一"圈套"之中，寒了多少颗曾被爱情烘暖的心。大难来时，夫妻相牵的手松开，二人渐行渐远，直到不见。真的是这样的吗？不是的。在我采访完中国第一代青春美文作家胡子宏先生之后，我用感动的泪水对此做出否定的回答。

胡子宏的妻子在检查出患有恶性淋巴瘤之后，这对善良的夫妻与不可逆转的厄运迎面碰上，大难无情地笼罩着他们。面对如此境况，他没有逃避，几乎倾家荡产救自己深爱的妻子，但是却收获甚微。北京的医疗专家劝胡子宏放弃，回河北邢台老家，陪她好吃好喝好玩。胡子宏没有听医生的劝告，坚决要求积极治疗。有一个信念支撑着他：爱是不讲理智的。妻子大病压身，他以近乎失去理智的狂热之爱全力挽救爱妻的生命。

为了筹钱，他每天躲在北京一地下室里疯狂地写作，以赚取稿费，顽强地与死神"拔河"。他向以前的同学借钱，向亲戚朋友借钱，有准备随时为妻子做造血干细胞移植。妻子央求回老家，维持治疗，不要耗费太大。他拉着妻子的手，坚定地说："大难来时，我会牵着你的手，心手相连，就没有渡不过的难关。"

“大难来时，我会牵着你的手。”多么朴实的一句话啊，这是坚贞的爱放射的五彩光芒，这是未了的情发自生命深处的呐喊。

35 万元没有挽回妻子的生命，但是，大难之中深情地牵手，换来妻子弥留之际含泪的微笑。她去天堂的路上，有爱相伴，她是幸福的，他在人间挣扎的时候，有爱作陪，他是幸福的。因为她的爱人胡子宏始终牵着她的手，这才是爱之源，幸福之源。

有一句佛语是这样说的：“爱出者爱返，福往者福来。”他人大难来时，以爱的名义去牵他人的手，当你受难时，必定会有更多的人来牵你的手。手与手相牵，汇聚成手的森林，这是大难来时，人间最浓烈的爱的表达。

爱你得到的

问一个简单的问题：西瓜瓤是什么颜色的？似乎不用经脑子，脱口而出：红色。见过其他颜色的瓤的西瓜吗？答案似乎只有两个：没有，或者极少见。

但我见过，黄瓤的，只是时间久远，记忆依稀。我七八岁的时候，改革开放之风还没在家乡吹起，便有人偷偷栽种西瓜。瓜熟之后，大部分卖到县城等地，落下的一些歪瓜劣瓜，才在村里叫卖。有一次，父亲买来一只瓜，切开，是金黄的瓤，吃一口，甜了整个童年。

现在城里卖的西瓜，无一例外都是红瓤的，有籽的和无籽的，有十几斤，甚至几十斤的大西瓜，也有产自上海的小型的早春翠皮红瓜。却满世界也找不到童年吃过的黄瓤西瓜。

我每次下班回家，妻子就会从冰箱里取出冰镇的大红甜瓜，吃一口，水汁汁，凉丝丝，甜蜜蜜，感觉极为舒爽。吃完后，用纸巾擦过嘴，便遥想当年："吃了这么多西瓜，还是觉得小时候吃的黄瓤西瓜好吃，天下第一美味啊！"妻子听完笑笑，但听多了，便烦了，就会自觉不自觉地劝我："别老是遥想当年了，难道现在的西瓜不好吃吗？你小时候吃过冰西瓜吗？"

小时候连冰箱是什么玩意儿都不知道，当然没见过冰西瓜。但我仍强调："黄瓤西瓜就是好吃，你没吃过，你是不知道的。"

我固执地认为，天下西瓜唯黄瓤最佳。

这天，一进门就听她大声喊道："老大，快来吃西瓜，你最喜欢的黄瓤西瓜！"

原来，她在市场上买来一个黄瓤西瓜。我急不可待，夺过一块，狼吞虎咽起来，感觉一点儿也没有当年的好味道，甚至，没有红瓤西瓜好吃，不甜，水分也不够。

妻问："黄瓤瓜好吃吗？"

我无奈地摇摇头。

几十年后，我顿悟过来，好吃的黄瓤瓜，只在记忆里。之所以好吃，是当年压根儿没有挑选的余地，只有吃这一种，而且，吃的量极少。这样的东西，别说西瓜，土块也会有好滋味的。

为什么放着眼前又红又甜还冰凉的西瓜不酣享，偏偏老要惦念那虚无缥缈的黄瓤西瓜呢？我想，这也许就是自己一大精神弱点吧。

世上多少事，何尝不是如此呢？视眼前的美好为摆设，而老是眼盯着一些虚无缥缈的东西，或者，总是惦念着早已远去的事物。

突然想起两句话来，一句是："去者不足惜，来者犹可追。"另一句为："如果得不到你爱的，就爱你得到的吧！"实乃至理。

黄瓤已远去，红瓤犹自珍。

选择担当

她是一个胆小怕事的女人。初来深圳打工，遇到拦路抢劫的人，她吓得浑身哆哆嗦嗦，一点反抗力都没有。她甚至怕黑，怕生。

这天傍晚，她领着三岁的儿子在工业区附近散步。突然，从屋角跑来一个凶神恶煞的青年男子，抢过她儿子，拔出腰间的刀，架在他脖子上。她来不及害怕，向劫持犯高喊："求求你不要伤害我的儿子，你要钱我给你！"男子一点反应都没有，看来不仅仅是要钱这么简单。儿子被这一突如其来的灾变吓得面如土色，她十分担心。

"你不要伤害我的儿子，要不，你来绑架我吧，我来换我的儿子。"她向持刀歹徒发出请求。

歹徒放下小孩，一把将她拉了过去，抬手把刀架在她的脖子上。

两小时后，警方成功制伏了歹徒，她获救了。这时，她被吓晕了过去。

第二天上午，这个来自江西省鄱阳县的打工嫂余冬英在医院醒了过来，见到儿子，紧紧地把儿子抱了起来。

一旁的记者问她："你胆子很小，为什么在救你儿子的时候那么勇敢？"

余冬英笑答："看到儿子有危险，肯定会挺身而出的，没有什么为什么。”

在危险和灾难面前，作为一个女人，她会选择恐惧，本能地退缩，但作为一个母亲，她只选择担当，不管是皮肉之苦，还是极端之惊，甚至生命的付出，她都会勇敢地担当下来。怎么解释女人的这一矛盾现象呢?

也许，这正是母亲的本能吧。

清晨五点钟的约会

去年夏末，与同事小王出差到千年瓷都景德镇拍片，马不停蹄，忙得晕头转向。因为片子要赶在景德镇置镇千年纪念活动前后播出，合作方之一的香港凤凰卫视的同行们都拿出了玩命的劲头，准备十天内将长达 200 分钟的电视系列片的素材全部拍完。按照一般的拍摄规律，十分钟的专题至少应保证两天的拍摄时间。我们将时间大大缩短了，工作压力之大，可想而知。

小王担任摄像兼司机，我们收工后，还可以在车上小睡一觉，而他还要打起精神，小心驾驶。那时，我们每天早上 7 点从驻地出发，中午只休息一个钟头，晚上则连夜加班至凌晨两三点。一天下来，只能睡四五个小时的囫囵觉。为了坚持到底，小王每餐饭前，吃起了蓝色小药丸——消炎片。他说，人太困了，怕炎症缠身，影响工作，就主动吃消炎药预防。

就是这么一个“特困”的小王，居然有一个离奇习惯，让我苦不堪言。他每天清晨 5 点准时起床，在卫生间一通洗漱，因为快，那声音大得出奇，每次都要把酣眠中的我吵醒。

我在蒙眬中问他：“大清早的，你要干什么？开工了吗？”

小王从泛着红光的卫生间里，扔出一句话来：“你睡你的，不关你的事。”

果然不关我的事，他洗漱完后，什么事也不做，又倒头睡去。我不知道他究竟是为了什么，不抓紧时间好好休息，偏要这么繁复地折磨自己折磨他人。

被我追问得紧，小王终于道出真相，原来，这都是他不到一岁的小女儿逼的。在家的时候，女儿每天清晨 5 点都会准时哭闹起来，声如电铃，大闹天宫。她是饿了。小王准时从睡梦中醒来，泡好奶粉，抱起女儿喂奶。吃完之后，这个可爱的小家伙就乖乖地睡觉了。

天天如此。

小王说：“每天为女儿喂奶，都习惯了。出差到这里，一时还改不了，每天早上 5 点都会自动起床。当然，我也是太想女儿了。”

这就是父亲——凌晨调奶粉而不知疲累不叫厌烦的父亲！

一时间，我难于理解，及至女儿出生，才真正懂得，小王每天 5 点折磨自己折磨人的举动，不是烦恼，不是痛苦，而是一场幸福、甜蜜的约会。

有一句话是这么说的：“女儿是父亲前世的情人。”也许，我们是前世欠了她的，所以，她才这么报复我们——在我们最需要睡眠的时候，无情地将我们叫起。的确，这有点折磨人的味道，而我们却是欣然接受，快乐无比，并且把它当作一场人生的幸福约会。

清晨 5 点的约会，是一首诗，婉约动人，同时，又是一幅画，美不胜收，它构成一座座富丽堂皇的圣殿，名字叫父爱。

心灵的呼唤

他是一条硬汉。

“文革”的时候，受尽摧残，他从不喊一声苦，任无情鞭在身上抽来抽去，仿佛身子是坚石垒砌的。

后来，他走出历史的阴影，独自闯荡商海，一步一步，由小到大，从弱变强，成了本城能呼风唤雨的大富豪。笑脸是他的不变的颜容，如影随形。他亦是一个慈善家，爱心拳拳，甚至当年抽打他的人遭灾落难，也伸手去扶人一把。

他是本城最富爱心的人士，加之他的硬汉形象，以及坚强作风，渐渐成了人们心中的英雄。

有一次，他女儿驾一辆宝马车在高速路上行驶，不幸发生车祸，车毁人亡。他见到女儿的遗体，脸色煞白，瞬间瘫软在地上。所有的人都认为他会哭喊“我的女儿”，而他却是尖声呼唤：“妈呀——”哭泣如高山间的巨瀑，响彻大地。

一个如山般坚强的男人，为死去的女儿哭成一团烂泥。而引发这场号哭的是那一声源自心里的呼唤——妈呀。

其实，外人有所不知，他在每一场劫难，每一次困苦之中，外表坚强如钢，内里却无时不在呼喊自己的母亲——尽管他的母亲早在他不懂事的童年就已仙逝。多少年来，他在自己最惊恐无助的时候，想起母亲，一声呼唤，便带来无穷无尽的力量。

曾经读过一篇外国小说。说一对间谍夫妇成功打入了美国 FBI，女人随着年岁增长很想生一个孩子，了却自己当母亲的心愿。经过精心策划，他们小心翼翼地实施，做得滴水不漏。但是，当她躺在产床，最痛的时候，用母语大喊了一声：“我的妈呀——”FBI 的同事将此细节报告长官，她不幸暴露了身份，锒铛入狱。

看到最后，我为母亲的伟大感到骄傲，毕竟世间任何一项神圣使命，都不如做母亲，不如被儿女喊一声妈妈。同时，更为女特工用母语喊妈妈感到震撼。是啊，世上每一个儿女，在最难承受的时候，下意识喊出口的，是妈妈。

想想我自己，亦如此。

我是一个对电十分敏感的人，秋干气燥，在家里，关窗、开冰箱，甚至摁水龙头，都会有比较强烈的电感。每一次感受到静电袭击的那一刻，不自觉地大叫一声：“我的妈呀——”身边的妻子习惯地问一声：“又电着了？”没有任何情绪准备，没有主观控制，身处惊恐之中，本能地就喊出了妈妈！

妻子曾有过不幸的童年，每每梦回，都是在梦中哭喊：“妈妈！”声若呜，泪如雨。苦难穿越几十年的历史，依然缠上她，而妈妈，成了她的驱魔女神。

也许，世间的每一个人在内心深处都有母亲深藏的影子，在每一场灾难，每一次痛苦，每一次惊慌之中，母亲都会闪出来护佑，来安慰我们。在大叫一声妈后，灾难不再可怕，痛苦不再磨人，惊慌不再无措，因为妈妈是佑安女神、送福之神。

那一声本真的呼唤，喊出了天下儿女内心的宗教。

平和与幸福，源此，而如泉涌。

廉价的幸福

那天，母亲帮我提一套衣服去太平洋广场换，是一套质地、做工都不错的西服，不算很贵，才 800 元。母亲很高兴能帮我做点事，哪怕是提提东西。

换好西服从商场出来，母亲在出口处处理商品摊前停了下来，这样看看，那样问问。曾经，我也在这样的地摊上淘过自己需要的东西，现在已没有这个必要了。但我还是耐着性子，陪母亲逛。

母亲看中了一件羊毛外衣，一问价格，她大叹了一声："怎么这么贵?"

既然她喜欢，我觉得就可以买，问销售人员才知道仅仅 40 块钱而已。刹那间，我不由自主地笑，就这点钱，母亲却喊太贵。不知不觉，岁月已把母亲和我，打造成两种截然不同的价值体系的人。

我没有还价，掏钱把那件价格仅仅是我西服二十分之一的羊毛外套买了下来。母亲还迭声感叹："太贵了！太贵了!"脸上，却是浓墨泼就的幸福。

此后，母亲天天穿着那件我给她买的廉价外套，过年似的高兴，幸福在她每一个毛孔发散。而我，那价值 800 元的西服穿在身，只是新鲜一时，快乐片刻，离幸福还有十万八千里呢。

岁月同样把我们这对生活在一个屋檐下的母子，打磨成幸福指数高低迥异的两个人。母亲的幸福是廉价的，也是鼓胀的，如新发芽的豆粒。

而天下的儿女们，是不是如我般，常常忽视父母的幸福，哪怕那是廉价的呢？关爱父母，给予父母满胀的幸福吧，于我们而言，无须太多，也许，是 40 元的一件衣服，4 元钱的一个面包，甚或 4 毛钱的一个电话。

总有一种歌声会让冰冷消融

这是一部蒙古国导演宾巴苏伦·达瓦与路易吉·法洛尔尼的纪录片《流泪的骆驼》，沙漠、骆驼和马头琴声，构成温暖的元素，一寸寸将冰冷消融。许久没有感动的泪水冲刷灵魂，这一回，我实实在在地在接受了一次心灵的洗礼。

在蒙古南部沙漠深处，漫漫黄沙，阵阵驼铃，满目是一片苍凉的昏黄色。在一户牧民家中，一头母骆驼正在生产。因为难产，母骆驼十分痛苦，但是很坚强，没有一滴眼泪。经过牧人的帮助，母骆驼产下一头罕见的白骆驼。对于这个“不速之客”，世代黄种的母骆驼拒绝接纳它，不给它一滴奶水的和一脉母爱。

为了拯救婴驼，牧人派自己的两个儿子穿越危险的沙漠腹地，到城里请乐师。请来的是一所学校年轻的音乐教师，他坐在母驼旁边，演奏马头琴，牧人的妻子在充满爱意的琴声中，一边帮母骆驼梳理驼毛，一边深情地歌唱，于是，蒙古古老的救赎仪式开始了。现场充满着仙气和灵气，歌声里飘逸出劝慰、说服、感恩和幽怨，声声如泣，感天动地。

母驼终于被感动了，流下热泪，长长的泪珠打湿一片驼毛。

牧人把白婴骆驼再次带到母驼身边，这一次，它没有拒绝，神圣的哺乳开始了。

歌声再次在蒙古包响起，那是牧人和乐师在用歌声庆祝成功的救赎，欢庆古老的歌声将冷漠消融。

想起小时候，孵蛋的母鸡突然“醒”后，不愿再孵小鸡，在装有20来个鸡蛋的鸡篓里振翅蹬腿，情势十分危急，母亲就一边用手抓住母鸡，一边用古老的腔调浅吟低唱：乖崽、乖崽，鸡篓里有你的崽；乖崽，乖崽……不多时，母鸡安顺如猫，安静地卧在鸡蛋之上，安心地孵起小鸡来。

天下情，博大如母爱，也有误入歧途的时候，在此路上，心也硬了，爱也冷了，硬如石，冷若冰。而总有一种歌声，会让冰冷消融，让错误修正，让爱更纯净，更伟大，更动人。

这个世界没有一个人是冷酷无情的，没有一个人是拒爱千里之外的，即便他暂时冷酷，一时拒绝，但总有一种歌声会将之消融，让温暖吹遍，如春风千里拂人面。

一盆文竹的复活

那一盆文竹是婚前丈夫送的，她视如己出，把它当心肝宝贝，小心翼翼地呵护。对文竹，她已有神经质般的敏感，疼爱得有些肉麻。

以前她不是这样的。婚前忙着与男友卿卿我我，婚后，和老公一起拼命赚钱买房还贷，对文竹爱理不理，搁在书房任其自生自灭。

儿子的转变让她灰了心，转而对文竹生情，殷勤有加。谁料，文竹并不领情，在关爱的目光下，逐渐枯萎。

儿子变得让她感到陌生。她要做标书，儿子却霸着电脑玩游戏。买来鸡翅，儿子不让父母尝一口，蛮横地说："你们不许吃，这是我的！"她要过生日，儿子在外面疯玩，要他回来，恶毒地顶嘴："你过生日关我屁事！别跟我婆婆妈妈的了！"

那一天，儿子在外面疯玩回来，见母亲侍弄文竹，居然劈过来一掌，花盆倾地，碎瓷片撒了一地。

她绝望地哭出了声。

擦干眼泪，她把残竹移栽到小区背阴的地方，与之伤心地诀别。与此同时，她决定不再理会蛮不讲理的儿子，自个儿享受自己的清静生活。

疏远儿子，任其"自生自灭"，儿子却变得懂事起来，对自己尊敬，关心，不再使小性子脾气。

再看移栽至小区花圃的行将枯绝的文竹，竟勃勃然，风情万种。文竹复活了！

她兴奋不已，更让她欣慰的是，儿子新生了。

过度施爱易滥，被动受爱易转恨。爱需要质的平稳和量的平衡，否则，人亦会像溺爱中的文竹那样，因过分地呵护而渐趋干枯。

让爱做主，在一根平衡线上，弹奏出最美的和弦来。

最温暖的地方

全球每年都有不少新生婴儿患有体温调节暂失症，这些可爱的小宝宝们离开母体恒温世界后，无法适应自然温度状态。气温的骤升骤降，对这些不能自我调节体温的婴儿来说，无疑是致命的隐患。

美国一家医院为了收治这样的婴儿，特意腾出一部分病房，设立恒温箱，让宝宝们生活在类似母体的环境中，直到有了自我调节体温的功能后，才将他们取出。

然而，随着这类婴儿越来越多，恒温箱远远不够用，医患双方都十分着急。这时，一个喜欢看动物节目的医生斗胆向院方提出自己独特的创意：用保温棉布包裹住孩子的头和脚，将他绑在妈妈胸膛上。他的这一天才创意来源于活跃在澳洲的袋鼠。草原上那一只只袋鼠不就是把孩子放进胸膛，用自己的体温去温暖年幼的孩子吗？

院长迫于现实的无奈，批准了这项代号“袋鼠哺养法”的计划。先期赶制出来的十套保温布兜，把患儿赤身绑在妈妈的胸前，头戴一顶小帽，脚裹一双小袜，完全靠母亲的体温来取暖。

效果出奇的好。

那些“袋鼠孩子”比生活在恒温箱里更安静，更健壮，而且更早拥有体温调节功能。科研人员经过深入研究，发现了其中的秘密：这些孩子吃母乳方便，受到母亲的抚摩更多，生活的环境比恒温箱里更舒适。

如今，在这家医院，婴儿袋鼠哺养法逐渐风行起来，年轻的妈妈都知道自己的抚摩是对孩子最好的爱，自己的胸膛是孩子最温暖的地方。

母亲的胸膛是每一个人灵魂的寓所，心的故乡。如果你是年轻的妈妈，在知道这些后，是否还吝啬自己温情的爱抚和温暖的胸膛呢？

娘　心

年关，陈非在建筑工地上，一不小心从三层高楼上摔了下来，跌成重伤，住进医院。

陈非有个年迈的老母亲，在村里独守一间偌大的房子。回来过年的同伙人都瞒着陈非的母亲，谎称他还在工地看守材料，口径一致，无懈可击。

她知道儿子不会回来后，便不再每天黄昏站在村口张望。但她一日日站在自家的门口等待儿子平安归来。有人看见了，就说："你不用等你儿子回来，他在外面挣大钱!"她回答说："不等？除非闭上这双眼睛。"

陈非的母亲在大年三十的那天，离开家里，赶往儿子所在的城市。她第一次出远门，第一次来到城市。她在陈非的工地上打听到他住的医院，又急急忙忙赶到医院。她看见躺在病床上的儿子，顿时老泪纵横。

陈非说："妈，你怎么赶来了？谁告诉你的？"

她抹了一把泪，说："谁告诉我的？谁也没告诉。是我看风水看出来的，他们一个个面目表情与平常不一样，我就知道你有事。"

天下娘心细如针，重如山，深似海啊。

父亲开口说话

这是我采访过的一个真实的故事。主人公创下了失语 40 年，不药而医的世界奇迹。是什么力量让他开口说话？只有一个字：爱！

我的父亲是一个哑巴。

父亲十岁那年，得了一场大病，在乡卫生院抢救了一天，后转送到县人民医院治疗了半个月，爷爷奶奶都哭肿了眼。回来时，父亲的命总算捡回来了，但不能说话，咿咿呀呀，像个学语的娃娃。

好在父亲是个手艺人，否则一个哑巴，只能靠外出算命维持生计。我小时候经常看到那种“经典搭配”：一个哑巴牵着一个瞎子，瞎子叫喊“算命！算命！”哑巴敲一面小锣咣咣咣咣，走街串巷，替人算命。父亲没有找瞎子搭配，而是跟着他的表舅学做圆木活。这是一种现已基本失传，快绝迹的手艺，难度极大。

父亲的圆木做得极棒，竖板与竖板的连接处严丝合缝，一线光都漏不进来，水桶、马桶、脚盆、澡盆……结实耐用，滴水不漏。

远近百十里，父亲是最有名的圆木匠，哪家哪户要嫁女，都要请他去做几个工，为行将立户的女儿做一套圆木：盛米用的米桶、蒸饭的饭甑、锅盖、脸盆、脚盆、澡盆……家用圆木器，一应俱全。

母亲是个残疾人，右手右腿不便，勉强能自主自立，但不能同时看管好我和弟弟。父亲做工的时候，总是把我带在身边，陪着他一起干活。父亲要什么木料，咿咿呀呀地向我比画一番，然后，我就对主家说，让他们做好准备。

我和父亲配合得很默契，他需要什么，一个眼神，我就能领会。锉钝了，我会找来磨刀石；要打线，我会递上墨斗；快完工，我就到铁匠铺买铁箍……父亲接过我递去的家什，总会冲我温和一笑。

父亲从来没有打骂过我，甚至不曾对我怒目。

女娃在农村既轻又贱，常常被大人或兄弟打骂得鬼哭狼嚎。我不知道，为什么父亲对我那么好。三生修来的父女缘，是我莫大的福。父亲的举动显然影响到母亲和弟弟，他们绝不会对我展露凶相，更别说动手打我了。我们一家人，虽然过得清贫，但其乐融融，幸福快乐。

那时，我经常能听到别人说我："这就是那个哑巴的女儿，命真好，从来没挨过打骂。你看她长得鬼精鬼精的，有福。"不知道这是捧我，还是贬低，只觉得，听来很受用。至少，这是对父亲的奖赏。我一直认为，不打骂女儿的父亲，才是合格的父亲，才能让女儿打心里敬爱他。

父亲喜欢家人与他一同分享成功的喜悦。每每有出嫁队伍路过我们村庄，父亲就会一手牵着我，一手扶着母亲走去村口。母亲在父亲的牵扶下，深一脚，浅一脚，但走得很安全。她放心不下跑在前面的弟弟，一路叮嘱："强强，慢一点，别摔跤了！"我们一家站在那棵如盖的老栎树下，目送着迎亲的队伍，唢呐声声，爆竹声声，而树下，我们家的笑声也传得很远。

走在出嫁队伍的第一个位置的是一手执长香，一手提鸡笼的媒婆，紧接着就是圆木"喜挑"，叠床架屋，满满一担，各式圆木幸福地叠在一起，澡盆里叠马桶，马桶里放着脚盆、脸盆，木桶里叠放水桶，水桶里藏着饭甑，担子上的每一个圆木器都系着红丝带，贴了大红喜字，热热闹闹，喜气洋洋。这些圆木器都是父亲做的。看着自己的荣誉作品在吹吹打打的喜庆气氛中，渐行渐远，父亲总是眯着眼笑，这种幸福微笑，能持续很长时间。

我上高中的时候，家乡的圆木器普遍被塑料制品代替了，父亲“刀枪入库”，告别多年的手艺活，一心一意侍弄田地。农闲时分，父亲就会到各处的水沟，掏泥鳅，抓黄鳝，嘱咐母亲炖给我们姐弟俩吃。多余的，才拿到集市上去卖，所换来的钱，只够家庭日用开销。没了做圆木的收入来源，家里捉襟见肘，困难重重。

高三那年寒假，我把自己的课本放进父亲的工具箱里，跟着村里的几个女伴，南下东莞打工。

父亲把我送到镇上坐车，一路咿咿呀呀地“说”个不停，我不知每一句话是什么意思，但深深地懂得，每个音节都是对女儿的呵护和祝福。临别时，父亲重复了无数遍：“达达!”见我一直都在迷茫和不解中，他挥动着双手，表演起哑剧来。我终于明白了，父亲要我到东莞后，给家里打电话。父亲遭病的那年才刚上小学二年级，认的字很少，但能够听懂别人的话。正因如此，他才会提出打电话的要求，而不是让我写信。

家里没有电话，只能打到隔壁王婶家。每次打电话到王婶家，要先挂断，等她叫来父亲母亲，再拨通。先是母亲的一番叮嘱，然后，就是父亲抢过话筒，听我说。他“啊啊啊”地应和着，每一个“啊”的音节里，都潜藏着笑和快乐。父亲高兴啊。

第一次回家，我特意跑到镇电信所，给家里安装了一部电话，以方便父母接听。为此，父亲不顾寒冬腊月，跑到离家很远的水沟里，用锄头敲开冰块，舀干水，用手又掏又抓，总算弄到几条又粗又长的黄鳝。提回家后，父亲把黄鳝放在清水里养了半天，然后嘱咐母亲炖给我吃。看着父亲被坚冰挂破的手，我心头一热，躲在床头，止不住地流泪。

在东莞，我一边打工，一边参加自学考试，两年后，我取得会计电算化专科文凭，以此，我进入公司财务部，做了会计。在复习遇到难题的时候，在倍感孤独想家的时候，在加了工资换了岗位的时候……我都会给家里打个电话。每次都是母亲先唠唠叨叨说一通，那是她和父亲“商量”了很久，才说出来的话。然后，父亲就会抢过话筒，“啊啊”几声后，便期待我说给他听。父亲听我的话听得极认真，我每说一句，他都会“嗯啊”地应和，间或嘿嘿一笑，表示高兴，或者“嚯嚯”几声，以示不满。普天之下，除了母亲，只有我对父亲的“话”听得真切明白。而长年的相濡以沫，母亲对父亲已无话可说，只有我对父亲有满肚子的心事要倾诉。

我长年在外打工，电话成了父亲倾听女儿唯一的工具。父亲大半辈子都这么孤独过来了，而为时不长的电话聆听，成了他与我与这个世界唯一的交流方式。

我深深地理解父亲几十年的孤独，所以几乎每晚都会打一个电话报平安。公司里的大小事情，包括谁给我送花，谁给我发短信，谁请我吃饭，又买了一双凉鞋等芝麻大的小事，我都会说给父亲听。内容琐碎，但极为家常。父亲每次探听到我恋爱的消息，都是那么高兴，嘿嘿地笑个不停。

寒冬岁末，我决定带男朋友回家拜访父母，特意打电话告诉父亲。父亲在听完这一喜事之后，突然说：“乖女儿，我一定要给你打一套圆木器!”

我极为夸张地大叫起来：“爸，你开口说话了!”

父亲沉寂了40年，终于开口说话了，这是上苍赐给我的最好的新婚礼物，这将和父亲的圆木器一起，成为我最珍贵最美的嫁妆。

我依稀看见父亲在村口目送他心爱的女儿和他做的最后一套宝贝似的圆木器，在喜庆之中渐渐远去。而爱，越发拉近了父女的心，深深地将我们相连。

给晚归的家人留一盏灯

新房装修收尾的时候，我和妻到灯具市场选灯，各式玲珑灯饰，看得人眼花缭乱。在小夜灯专柜，我们不约而同地停下脚步，驻足观看了很久。妻对小夜灯那可爱的卡通造型沉迷不已，而我对某 品牌的广告语产生了浓厚的兴趣。这句话是这么说的：“给晚归的家人留一盏灯。”

小夜灯大多是为小孩设计制造的，那时，我们没有计划要孩子，小夜灯摆在家里，作用不大，但我们还是买了几盏贝壳式的。妻子喜欢那孩子气的模样，而我则深深地恋上那句质朴无华，却直抵人心的话。每当我们坐在沙发上挽手看电视的时候，妻总喜欢把大灯关掉，开小夜灯，情调四溢的灯光乍亮，仿佛能听见大海的涛声，声声唤着家的味道。

每次从外地出差归来，“风雪夜归人”的感受总能清晰地印在脑际，而此时，妻不管在做什么，都会将所有小夜灯打开。我推开家门，看见客厅一排排温馨的小夜灯，莹莹地亮着，结结实实地扑倒在家的怀里，幸福至极。

前不久，妻子去香港，我一个人守着空荡荡的家，十分落寞。担心妻子提早回来找不到方向，每晚临睡前，我都把所有的小夜灯统统打开，让她一开门，就能闻到家的气息。这天夜里，我从睡梦中醒来，听见妻在家门口赞叹：“小夜灯真美!”

其实，最美不过家人的情和义。那小夜灯承着家的温暖和家人给予的无私的爱。

风雨人世，家人的关爱多美妙啊。正如那句广告语所说："给晚归的家人留一盏灯。"在生活的每一天，我们需要更多这样的句式：给×××家人××××！为处在不同境遇中的家人，送去一盏温暖的"小夜灯"。

给疲惫的家人一个安适的氛围。在外面打拼太久，家人难免疲累，回到家中，给他（她）揉揉肩，捶捶背，松一松筋骨，为家人递上一杯热茶。然后，把音响关掉，把电视声音开小一点，把厨房门合起来……为他（她）营造一个安眠的环境，让困乏中的家人多休息一会儿。你的每一个细微的举动，都会让困倦的他（她）感到舒适，感到无比幸福。

给迷茫中的家人出个点子，或者指引方向。家人不可能生活在真空中，迷茫时时有。升学迷茫了，恋爱迷茫了，找工作迷茫了，职场中迷茫了，在各种错综复杂的关系中迷茫了……家人处在迷茫中的时候，我们就要给他（她）出一些点子供参考，或者，给他（她）指引一个方向，让其走出迷雾，找到前行的路。我们的努力，会让迷茫中的家人重回自信，避免误入歧途。

给悲伤的家人递一张纸巾。人生在世，伤心事难免。我们没能耐顶天立地，阻挡悲风凄雨，但是，我们可以给悲伤中的爱人递上一方纸巾，说一些暖心话。让阴霾早日散去，让悲伤的他（她）甩掉包袱，继续前行。而前方，幸福和快乐正向着家人招手。

给成功的家人鼓起一片掌声。家人在外面可能听够了虚伪的客套话，或者受够了喝倒彩式的掌声。一旦真的成功了，人家奉献的也许只有忌妒和挖苦。所以，我们要给踏棘而来的家人，一片祝贺的掌声，真心地恭喜他（她）的成功。那种欣慰和满足，是任何金钱也买不到的。

给失败的家人更多的鼓励。考试不成功，职称没评上，职位被人抢，生意做砸了……失意和失败似乎无处不在。家人失败了，他（她）比谁都心急，焦苦难当。我们不要埋怨，不要冷嘲热讽，更不要当头泼一盆冷水，而是要多说鼓励的，宽慰他（她）的心。我们的话会让偶尔失败的家人扬起信心的帆，助他（她）驶向成功的彼岸。

还有更多“给×××家人××××！”这样的句式，让我们去为家人填充，还有更多的“小夜灯”需要我们为家人点亮。为家人行动，不为别的，只为那份不了情，那种浓得化不开的义，因为我们是一家人。

一家人，就是有福同享，有难同当，风雨齐肩挑。

青春在无限极的路上左突右奔

多年后的今天，我不止一次地回首当年自己伫立在村口那棵百年古樟的浓荫下，痴痴地畅想未来，每次都惊叹不已，深感不可思议！今天的一切当年就算想破小脑袋也想象不到。时间是一条宽阔的河，芸芸众生从彼时穿越到此时，从彼岸横渡到此岸，爬上岸看到的人生风景，与当初站在对岸想象的此岸，自是风格迥异。

美丽的人生风景，概括起来无非“奋斗”二字。

所谓的奋斗，简而言之，就是眼看脚下没有了路，便撸起袖子，搬一块砖，砍一片棘，逢山开路，遇水架桥，把崎岖之途走成顺畅之路，化危为机，绝处逢生，“踏平坎坷成大道……”

突然之间，一句无厘头式的“有钱，任性”成了人们的口头禅，有才的网友给它对上了工整的下联——没钱，认命。其实，没钱的时候，大可不必认命，在貌似无路的断崖，其实还是有一条康庄大道——奋斗；漆黑的寒夜，始终有一盏名为“奋斗”的明灯，给我们带来温暖和光明。

没钱之后，任性之前，奋斗是无限极。

一个人的青春就该像生猛的斗兽，在无限极的路上左突右奔。

青春已离我而去，看着渐行渐远的青春背影，面对空茫的人生烟尘，我的回忆里总有锐利的痛感。痛是“奋斗”赋予青春的蓝色忧伤，痛而后快，痛，且快乐着。

我的奋斗以写字始。从兴趣出发，一直调到奋斗状态，也就短短五年的时间。1996年，作为一个乡下的孩子，混迹省城，初入职场，成了一所职业学校的教师。业余时间，按着自己的兴趣，写风花雪月，抒个人情怀，自成一体，自得其乐。

上班的时机真不巧，早一年就能分到一套房子，偏偏一踏入职场，中国正式启动“房改”。别人的住房是国家分配的，而我却不得不自己掏钱买，虽说当时房价并不高，也就八九百一平方米，但我一月工资才180元，照此计算，不吃不喝，也要等到两百多年后才能买上70平方米的房子。没房子想找对象，那会是哪个猴年马月的奇迹呢？……更可怕是，我从教的学校，日渐式微，后来教职工比在校生还多。每月这可怜巴巴的180元，尚且难保。

年轻不懂事，什么都不想，只顾自己埋头写作，写些永远不能发表的文字，深锁柜中，仿佛下大力气给自己的青春修纂一部宏大的史书。

现实逼迫，不能这样活。沉湎于个人趣味，终究是写不出大格局，做年轻的隐士，注定成不了大气候。我要以笔为剑，挥舞出属于自己的奋斗节奏来。

2000年，我走出校园，把自己奋斗的第一站放在一家杂志社，总策划就是后来如日中天的于丹老师。奋斗的履历频频被刷新：报纸编辑、特稿记者、电视台剧宣文案、某广告公司创意总监……都是离不开文字的活，一一树起了奋斗的大旗。

2001年冬，国内某著名纪实杂志的编辑汤馨敏大姐来我所在的城市组稿。那晚，我俩站在新八一大桥上遥望城市夜景，汤姐耳提面命，教我如何转换角色写纪实，快速致富，让这座城市有一间属于自己的房子……一语吹响奋斗的号角，令人热血沸腾，写起稿子来，白加黑，五加二，也是蛮拼的。

那时全省跑采访，采写致富故事；各地跑广告，帮人做嫁衣；甚至19天内为国内某著名歌唱家创作了11万字的个人传记……奋斗之人，命运眷顾。一年后，我的小情调千字文首度被《读者》杂志转载；两年后，短篇小说《六月天》喜获“武夷山杯”全国农村青年文学作品大赛小说组二等奖；三年后，我被借调至省教育厅，跟踪某项目实施，整整一年；四年后，我买了房子，131平方米，比我们当年校长所分到的房子大很多；五年后，我的第一部个人作品集由济南出版社出版发行，这一年是公元2005年，我三十而立。

到如今，仍停不下奋斗的脚步，不管写作，还是工作，都在转型和升级中，寻求突围。

奋斗是一日三餐般的凡俗常态，而非鱼翅燕窝那样的奢侈，是日行千里的轮胎，而非搁在后备厢不用的应急备胎。美国科学家、政治家富兰克林说：“有些人25岁就死了，但要75岁才被埋葬。”什么人会是这样子的呢？说白了，就是不去奋斗的那类吧。

不要让我们的人生之舟因失去奋斗的原动力，漂泊在浩渺烟波里，不知从何而来，不明往何去；更不要让我们远离奋斗，成了富兰克林所谓的没被埋葬的活着的死人。

不由你不信——没钱不要紧，只要你奋斗。奋斗，才是最好最酷的任性！

一帧黑白照

爷爷去世了，奶奶的身影总是在孤独中来去。

世代以做陶瓷为生的他们，面临着市场转向，经济凋敝的困局。一家人决心以研发含章釉为突破口，找到一条摆脱困境的捷径。研究几经失败，家里十分拮据，生活难以为继。

冬天，奶奶舍不得买衣服，单薄的衣衫不抵风寒，哆哆嗦嗦，缩成一团。

他见了奶奶，惊问："你怎么穿这么一点衣服，不冷吗？"

奶奶说："我不冷，你爷爷在我心里，暖和着呢。"

说完，她从怀里抽出一帧黑白照片来，照片里，爷爷正冲她微笑。

对着我们的镜头，孙立新这个景德镇陶瓷世家孙公窑艺瓷坊的第四代传人，尴尬地挤出一丝微笑。然后，他说："我看见了爷爷，看到了爷爷奶奶最深沉的爱，我就有了生活的信心，对研发含章釉就更有劲头。哪怕吃再多的苦，我也要把这项研究做好！"

不久，他的研究成功了，烧出来的瓷器兼有陶的色泽和瓷的品质，现代味极浓。瓷品投放市场后，反响很好，一时供不应求。

片子在凤凰卫视《大视野》栏目播出后，人们记住了一个陶瓷世家的后人成功的秘诀：爱、自信和刻苦。传承这一世家精神品质的，是那一帧黑白照片。

那已是一个陶瓷世家的精神图腾。

云在低处飞

姐姐家在福建山区，那一年，她在家对面的半山腰上办了一个黑木茸种植园。在几千截朽木段里挖孔填菌，让它们自然生发。一年下来，姐姐培植的黑木茸，产量并不高，辛辛苦苦地忙乎，保本都有点困难。

后来，姐姐请了一个林科所的专家来把脉，才知症结之所在。原来，黑木茸培植基地处在半山腰上，这里经常飘浮着山云，湿气大，对黑木茸最初的生长不利。专家给姐姐提了个建议，云只在低处飞，只要把基地搬到山顶上去，问题就能得到解决。

姐姐在专家的指导下，把基地向上移，当年就喜获丰收。

云在低处飞，多么深刻的一句话啊。对此，我也有一次深刻的体验。

那一次，我头一回坐飞机，去福建看望姐姐。当时，昌北机场上空乌云翻滚，飞机冲破云层，一直向上飞行，浓浓的密云在舷窗上飞流而过。当飞机平稳运行的时候，我看到灿烂的晴空，乌云成了脚底下翻腾的黑浪。

是的，黑云只是在低空翻飞，在它的头顶上永远是温暖的太阳。

人生何尝不是如此？云只在低处飞，它遮住的只是在底层徘徊的人的去路。若要获得人生的晴空，路径只有一条，就是拼命地向上，向上！

独自承担人生风雨

我刚读书那会儿，村小学很破败。教室屋瓦不全，漏风漏雨；窗户无遮无拦，寒暑气长驱直入；仅有的几张课桌缺胳膊少腿，没有一张板凳。师生站着上课成了学校不变的风景，但是，这风景并不怡人。终归是稚嫩少年，抵不住长时间的站立，个个喊脚酸腿软。老师想出妙招，让学生从家里扛凳来校上课。于是，周一早上，小伙伴扛着长凳兴冲冲往学校赶，周六下午，又乐呵呵扛凳回家。

我的父亲是村小教师。要扛凳的时候，我对父亲说："爸，我要扛一条凳到学校去！"父亲说："八仙桌旁边有四条凳，你随便拿一条去。"我说："我扛不动。"父亲说："扛不动就别扛。"我原本想赖着父亲帮忙，没料想竟是这样一个结果。长久站立，让我受不了，尽管板凳很沉，我还是选择每周一来回地扛凳。那时候，我的个子算矮的，不及八仙桌的高度，比板凳高不了多少，板凳扛在肩，感到沉甸甸的分量，如大山压身。不管怎样，来来回回一里多路，我还是坚持住了。

一个周六的下午，放学铃响，天陡然变暗，一场暴雨即将来临，我背起书包，扛着板凳急急忙忙往家里赶。一路上，大伙大呼小叫，你追我赶，因为年小力弱，我被落在后面。父亲从后面赶来，我像见了大救星似的，热切地盼着他拿下肩头的负担。父亲冲我笑笑，一声不吭地从我身边走了过去，头也没回。我被这一弄不懂的场面怔得哑然，深深的失望在心里一闹腾，眼泪不由自主地滚落下来。

雨倾盆而下，我把凳搬到别人家的屋檐下避雨，斜风斜雨把我浇灌得浑身淌水，阵阵冷意从心底冒出，上下牙齿打架，格格作响。那一刻，我独自应对扑面而来的风雨和滚天而过的闷雷，感到深深的恐慌和孤独。屋主见檐下有人，热情地把我让进屋，惊讶地说："你不是陈老师的儿子吗？怎么，你爸没把你带回去?"我第一次在一个陌生人面前哭得一塌糊涂，像是在母亲怀里撒娇。

雨过天晴，天色已晚，趁着西天紫红的霞光，我踏着泥泞的乡间田埂，一步一步往家挪，板凳在我肩上晃来晃去，一会儿碰到树，一会儿撞上墙。我不知道自己是怎么走回去的，一到家，便听见母亲在责怪父亲。放下板凳，母亲左一声心肝又一句宝贝叫着，极为心疼她唯一的儿子。母亲骂父亲心比铁硬，脾气比牛犟，知道照顾别人的孩子，却在作践自己的儿子。

父亲在雨前的所为，着实令我气恼，我在心里暗暗发誓从此不再理他了。少年时的气愤随着自己一天天地长大，也一天天弱下去，特别是在我遇到自己必须面对而父亲无法相助的那一刻，更是对父亲无有气愤，唯有崇敬了。

人其实是孤独的，许多时候必须独自面对福祸悲喜、生老病死。一个适应不了独处的人，那他的生命就有一大半是空白，他的人生必定如病人的脸一般苍白，如纸一般单薄。父亲在我幼小的时候便制造机会，让我体验到做人必须自主自立地生活，独立做好人生中的每一件事，独自承担责任，并且在这一过程中体会生命的艰难，分享人生的美丽，感知做人的乐趣。父亲无言的训导是我人生的宝贵财富，一生都受用不尽。

有了那次扛凳的经历，我在心理上比别人先成熟起来。我深深地懂得在孤独的时候如何品味生命内涵，在责任面前应有什么样的人生气度。我得感谢父亲，感谢那一次扛凳。从此，我独自承担人生的风风雨雨，自个儿享受生命的美丽。

被子莫太厚

高中毕业后，我南下求学，启程前，外公要我到他那里去，说是有话对我讲。

来到外公家，年逾古稀的外公正在门口笑脸相迎。他到厨房给我煮了 4 个鸡蛋，放了冰糖，微甜。外公会理发，看我吃完了，说："来，我跟你剃个头，一切从头开始。"洗头的时候，外公没加热水，直接取井水，一头扎进去，冰凉冰凉的。

外公把我送到村口，也没有对我讲什么重要的话。我感到有点失落，正想开口问询，外公说："你去吧！白天走路要小心一点，夜里睡觉被子莫太厚。"话到这份上，我也无从问起，与外公依依惜别。

我怎么也想不通，一句"白天走路要小心一点，夜里睡觉被子莫太厚"到底有多重要，竟值得外公如此隆重地把它说给我听。这话前半句好懂，后半句却有点晦涩，至少我当时是不知所云。因为行程紧，也就没去细问个中内涵。

我上学后不久，外公去世了，那句话的深层意义我就无从追问。

一晃多年过去，经过数番辛苦打拼，我的生活也渐趋小康，正和一朋友热烈地讨论买哪款小车更显气派，到哪儿去旅游更浪漫。然而，每当夜深人静之时，我听到自己的心跳，却怎么也找不回当年打拼时的激情和活力。

我想起与外公最后一次会面的情景，鸡蛋是微甜的，洗头水是冰凉的，他对我说："夜里睡觉被子莫太厚。"我终于体会到了外公的良苦用心和那句话中最深层的含义。

外公是在用暗语告诫我，生活不能太安逸，不能太贪图享受。我不是吗，人才达到小富，就一副小资情调，好逸恶劳，连灵魂都快要在安逸中化成水。哲人云，生活应保持适度的贫困。就精神而言，这是非常必要的。

生活不能太安逸，人不能太懒，我外公说了，被子莫太厚。

声控开关

儿子今年 5 岁，已经对世界有自己的看法。而我并不洞悉他奇妙的内心世界，总是认为他调皮捣蛋，专搞破坏。

我的工作性质决定了我大部分时间在家里办公，坐在电脑前搞策划、做方案。每当我哈欠连天的时候，儿子就会神奇地冒出来，冲我喊：“爸爸，你是不是很累呀？”我便没好声气地对他说：“不累，别烦我了，我还要挣钱给你买玩具呢！”儿子就学着我对他说话的口气，对我劝道：“太累了，就去睡一觉。”我当然不会听他一个毛小孩的话。

见自己的话不起作用，儿子有时就来蛮的，给我关电脑。有一次，我起身去冲咖啡，儿子居然不声不响溜进书房，把电脑电源给关了。他尚分不清关电脑和断电源的区别，但知道效果是一样。而我却被他害苦了，辛苦一宿弄出来的资料，全给毁了，气得我直跺脚。儿子却在一旁直乐。我气急败坏，在他屁股上猛抽了一通。他由笑转哭，一副很痛苦很可怜的模样。

从此，儿子变乖了，再怎么调皮，万不敢断我电源。

生活的苦累继续，儿子不再管我了。每次我累得哈欠连连，儿子就从客厅嚷嚷：“关！关！关！”我被上次事故吓怕了，忙问他：“儿子，你要关什么？”儿子说：“我的‘汽车’撞车了，你看咣——咣——咣——”

说时，他眼神不定，心虚得不行。

那天，我去幼儿园接儿子回家，阿姨直夸儿子聪明。她说："你儿子真聪明，要发明声控开关专门关电脑，很有创意吧。"以往，我晚上带儿子上楼，总让他大声叫"开"，楼道的灯便依次亮了，耐心地告诉他，过一会儿灯自动为灭，这样一来就既省电又方便，这就是声控开关。真没想到这小精怪居然有这么一个天才设想。

我问儿子："你怎么会想到发明声控开关来关电脑啊?"

儿子的回答让我感动："爸，你每天对着电脑太累了。我要是发明成功，说关就关，你就可以歇一会儿，还不会打我。"

想起儿子在我疲惫的时候，一遍遍地喊："关!"我明白了，那正是一个幼小的心灵所能盛下的最大的爱，对父亲的关爱。

那一刻，我心醉了，为儿子那个天才创意和那颗富于关爱的心。

天黑记得走回来

小时候，妈妈讲的故事大都淡忘了，唯有《凤凰山拾金》牢牢地印在心灵深处，至今也不曾忘记。

从前，有两兄弟很小就没有父母，两人相依为命。老大到了谈婚论嫁的年纪，村里人给他介绍了一个女人，两人成了家。老大的老婆又凶又恶，把老二赶到牛栏里去睡，也不给他分兄弟俩积下的家产。老二老实，很怕恶嫂，只好听从她的摆布。老二住在牛栏里，早出晚归到后山坡上开荒，家里的牛耕地，鸡呀、鸭呀、猪呀、狗呀也都来帮忙翻地，用爪扒，用嘴拱。地里好一派热闹的景象！

秋天里，老二收获了不少粮食，可偏偏被恶嫂夺了去。老二躺在牛栏里发愁，这个冬天可怎么过呀？

这时候，牛栏门口飞来一只漂亮的凤凰，对老二说："小兄弟，你别发愁，到我们凤凰山上去拾金吧！不过，天黑记得走回来，否则大火会把人烧死！"老二用心记住了去凤凰山的路线，深怀感激地对凤凰说："谢谢凤凰姐姐！"

第二天，老二赶去凤凰山，捡了两块金子就走了回来。到村里后，老二用金子换了一些衣食，又请人做了一间茅屋。恶嫂见了，逼他说出钱从何来。老二老老实实把凤凰飞临的事说了，还告诉她怎么去凤凰山。

老二嘱咐道："凤凰说，天黑记得走回来，否则大火会把人烧死!"

恶嫂拉着老大，拿了两个麻袋也去了凤凰山。

黄昏时分，老大说："天快黑了，咱们回去吧!"恶嫂说："还早呢，再捡一些吧，这可是金子!"

天黑了下来，恶嫂和老大被大火活活烧死!

夜幕降临，灯红酒绿，很多人沉醉其间，流连忘返。天黑了，人们都忙，忙应酬，忙潇洒，忙欢娱，还记得走回来，回到自己的家么?

繁华都市，处处有诱惑，时时有欲望。为了满足自己的欲望，人们都甘做诱惑的俘虏，心灵在城市上空孤独地漂游。哲人早就说过，我们不应满足自己的欲望，而应满足自己的心。天黑了，肉体获得一次又一次快感，灵魂却找不到归家的路。

航空学上有一个"不应期"理论。意思大抵是，飞机油料够飞行8000公里，4000公里是就它的极限，否则将回不到着陆的机场。今天，有多少人在他的"不应期"的航道上快乐无忧地飞翔，又有多少人正昂首阔步地跨越极限，飞向人生的不应期!这些人，家的灯火不再使他留恋，爱人的暖语不再使他心醉，心的平静不再令他神往，精神的皈依不再令他渴望。

天黑了，记得走回来。

远去的小镇

小镇坐落在一个叫岗上的小地方。一条逼仄的小街，一排矮小的房屋，两行硕大的栗树便是小镇的全部风景。镇外不远，一所中学朝来书声琅琅，夜来灯光闪闪。那声光袅袅婷婷，涂上小镇的颜色，蒙上闭塞的阴影，显得空旷而辽远。

十二岁那年，我进入中学读书，激情满怀，信心百倍，因为我以小学拔尖的成绩深受老师的器重。然而，我却没挡住班里一个女生的微笑，以致整天失魂落魄，成绩一落千丈，烙下沉重的记忆。

班里五十多名学生分成男女两派，之间沟壑横卧，山崖兀立，谈笑之声相闻，老死不相往来。男生打打闹闹显得亲亲热热，女生说说笑笑一派文文静静。男生以与女生接触为耻，迫不得已和女生说话，那腔调像是对深仇大恨之人发泄愤怒和不满，转过身来，立即在同伴面前扮成一副不屑和女生说话、无可奈何的样子。我却对班上一个名叫春梅的女孩子存有朦朦胧胧的好感。春梅是一个出众的女孩子，成绩好，人也特别漂亮，一双含情脉脉的眼睛，一头齐耳的短发，笑起来露出一对浅浅的小酒窝和一对白白的小虎牙。一袭红衣，一身活力，把她衬托得楚楚动人。

我爱在背地里冲春梅发愣，看她像清风一般来，百灵一样去，想象她的生活细节和她的情感天地。一天晚自习，我躲着同伴，偷偷地给春梅写纸条，倾诉连日来对她的想念，渴盼与她交朋友。我隐在她必经的路旁，当她逐渐接近，心急速跳动，血一个劲地往头上涌。她大大方方地收了我折成心形的信，脸上绽放了一朵灿烂的微笑之花。那晚，月亮很好，空气很香。

春梅在第二天晚上给了我回音，信不长，折成非常漂亮的“心心相印”形，信上说，我很喜欢你，你做我的弟弟吧。我们就这样秘密地建立了姐弟关系。那封信，因为怕别人发现，被我悄悄地撕了，纸片撒在校外一个池塘里像浮了一塘的鲫鱼。

在无人的时候，春梅会冲我甜甜一笑，然后，低下头，抚弄头发，做羞涩状。我回之以笑礼，心慌乱不堪，匆匆逃离现场，走远了，转过身来，偷看她渐渐远去的袅娜的背影。过了一段时间，我们在教室也敢相视一笑，不过是我们在各自跟同伴说笑时巧妙传递的。有一次，她上讲台答题，取粉笔的时候，我对她悠悠一笑，她转身之际，莞尔一笑，笑得那么自然。没有人知道她是为我笑，但我的脸还是红得发烫。

她的笑有一股巨大的冲击力，能把我摧得粉碎；她的笑还有一股强大的吸引力，能把我全身心地吸引过去。没见到她，我的心空落落的，怅然若失。她在场，我便不声不响地偷看她，观察她的一举一动，盼望着她能冲我笑。我的一颗心飞了，飞到春梅的身边。

我和春梅始终没有说上一句话，更没有在一起待过。我却傻傻地想：春梅是我的，往后我要跟她过一辈子。那时节，大人取笑我某某是我的对象，我据理力争，说我的那个是我同班同学。这当头，却没一点脸红，也没一丝害臊。

我终于受到严厉的惩罚。因为心不在焉，学习成绩直线下降，我屡次被老师召去谈话，批评、鼓励、教导的话堆积如山，却收效甚微。我的父母整天唉声叹气，不知怎样才能把我劝导回来，更不知如何才能让我有出息。他们都不明了，我陷进一个微笑的泥潭，不可自拔。

读初二的时候，因为班里优秀生过多，学校出面调解，春梅被调到别的班去了，令我感动的是我仍作为优秀生被留下。我和她再无偷笑的机会，心渐趋平静。偶尔在操场上，相逢一笑，心湖上也只是微起涟漪，已见不到惊涛骇浪了。我不知道什么力量把我心头刚冒起的对女孩子的朦朦胧胧的倾慕无情地给扼杀了。我开始害怕对异性微笑，不敢和她们接近。

一天黄昏，我独步到镇外一个名为伏马园的山林，一片罂粟花吸引了我的注意。罂粟花鲜艳夺目，独压群芳。种花的老农说："罂粟其实是一种药材，然而世间却有不少人将它做成鸦片去害人。"我想起春梅的笑，那甜美的少女的微笑，本应是纯洁的象征，友谊的使者，却给了我深深的伤害。究竟是什么原因？细想一番，都是小镇那浓得化不开的氛围造成的恶果。

初中毕业，离开小镇的那天，我给春梅赠送了一张明信片，三言两语描述了一番三年来对她微笑的喜欢和对她的爱恋。春梅回赠了一份，只有两句古诗："此地为一别，孤蓬万里征。"

二十来年没见春梅了，她一定不再有少女的矜持和微笑，小镇也一日一个模样，再也不是封闭的被情感遗忘的角落。地方和人都已远去，但我依然记得那个逼仄的小镇和小镇上一个挂着罂粟般微笑的少女。

十七岁的出走

一条小河在村前横卧着，河水静静流淌，流了不知多少岁月，村里人把这条河叫作南港。夏天的南港，给村里每一个人的童年留下了美好的回忆，因为陈坊桥下那个水世界是快乐的天堂。很小的时候，我对南港的“来龙去脉”非常感兴趣，在小伙伴们捞河蚌，打水仗，河岸上跳水、沙滩里挖泉的时候，一个人瞎琢磨：南港是从哪儿来的呀，又要往哪儿去呢？

我问母亲，她给我比画：“南港从山上的水库里来，流到临川的罗家渡去。”母亲没有多少文化，所知最远流经也只是她妹妹生活的地方。转而问父亲，他的回答就悬了：“南港从天上来，又回到天上去。”我不明白，父亲就像教他的学生一样教我：“天上的雨是南港河水的源泉，所以它是从天上来。南港流到抚河、赣江，在鄱阳湖歇口气，又汇入长江，最后进入大海，一路上，它会蒸发，所以又回到天上。”我很难想象浩浩荡荡的一河水是怎样飞上天的。那时起，我便动了溯河探谜的心思。

父亲真实又浪漫的回答促成了我的“十七岁的出走”，那是我人生头一回惊天动地的尝试。由于没找到机会，探河计划只是心中的一个梦想，直到高二那年寒假，才出现转机。

1993 年正月初三的早上，是一个薄冰封地的艳阳天，我对母亲说，我要走南港，从村口的陈坊桥出发，到马家集后，返回，中午回来吃饭。然后，游侠似的，拄着杖，走街过巷，开始人生头一回新奇的探寻之旅。

对于南港，我自认为熟稔于心，从陈坊桥顺水而下，过三十里就是姨娘生活的地方罗家渡；溯河而上，八里就是马家集，从老集口的小港桥折回，再行八里就回到陈坊桥了。十六里地，对于十七岁的男孩而言，不需要半天时间。

南港水静流无声，满目枯树败草，沙滩泛着白光，耳畔寂寞的晨风捎来暮冬萧条的寒气。流水无冰，岸上的水沟、洼地却是一个冰封的世界，手冷脚寒，耍木杖破冰，冰凌飞溅，煞是有趣。冬鸟见人来，从浅草堆倏地飞出，一路走去，一路鸟飞出，像是万众迎接贵人似的。我不禁唱起小虎队的歌，在寂寂的河边上舒展心情。

太阳由通红变成灿白的时候，我沿着右岸溯河，抵达马家集的小港桥。让我意想不到的是，由于村镇遍布，我在小港桥上怎么也找不到通往左岸的路，只好绕村而行。出了那个不知名的村庄之后，南港就神龙见头不见尾了，凭着我对南港的记忆，越野翻山，继续寻找左岸。穿过一片树林，奇迹出现了：在我面前居然出现了两条河！看河势，分辨不出谁是谁的支流。我完全“迷河”了，但是，必须做出抉择，究竟走哪条河的左岸?

我在地上画了半天的东西南北，把课堂上所学的地理知识全搬出来，仍觉得力不从心。最后，心一横，疑疑惑惑地走上归途，我觉得自己是在碰运气。

走出村野，远村暖融融的正月气息隐隐地在风中摇曳，我已方寸大乱。我所看到的是一个完全陌生的冬日荒野，找不到一点来时对岸的景色。就这样，我彻底地迷失在自认为熟悉的茫茫田野里。我没有回头，而是拼命地往前走，逢村必问，见人就打听，没人知道陈坊桥在何处，最后，从一个早先在我们村做女儿的妇女那儿探听到情况，才知道自己离出发时的陈坊桥已有数十里之遥。也属同村人的那个陌生妇女留我喝了一碗茶，送到村口，给我指引了一条通往陈坊桥的路。

回到家里，已是掌灯时分，我累得骨头都快散架了，父亲不顾“正月初三不走亲戚”的千年习俗，到各个亲戚家打听我的下落，母亲则坐在门槛前痛哭流涕。他们以为我从这个世界上走失了，因为那时我已是近视，而且那天没有戴眼镜。这正是他们最担心的。

夜里，母亲要我去庙里驱邪，她固执地认为我是被岔路鬼缠上了。父亲则语重心长地对我说：“你原本是走南港的，却拐到北港去了，路就越走越远。以后，走路要看仔细了，不要离自己的目标太远，当然，还要能记着回家的路。今天你很不错，能够走回来。”

人生的这次尝试，让我明白，做人要能够走近自己的目标，而且，还要能走回家。

为什么总是伤你那么深

总是觉得很累，一天忙下来，累得只想一个人在电脑前听听音乐。偏偏这时候母亲喜欢凑过来数落，句句如林间的悲鸟聒噪：“教你不要买这么大的房子，搞得压力这么大，怎么是好？做人不要太累，要不你把公司的事辞掉，一心一意教你的书好了！”每每这时，心烦透顶。有一次，心里腾起无名火足有三丈高，我随手抓起电话机猛砸，恶语相对：“你就知道吵吵吵，吵死人了！滚开啊！”母亲无言，静静地离开书房。

第二天，母亲双眼红肿，显然，她哭了一夜。我深深地知道，正如母亲深爱着我那样，我是深爱着母亲的，可是，一句凝聚母爱的话语，怎就成了我深深伤害母亲的导火索呢？而类似这样的恶言恶行，发生在我身上已不是一两次了。心静下来的时候，我始终弄不明白：最亲最爱的人，为什么总受伤那么深？

对妻也是这样，每每一句话不中听，便冷语冷言相对，句句似冷箭穿过那片爱情的风帆，以至于爱之舟常常迷失方向，在无爱地带胡乱折腾。妻常常问我：“接同事朋友的电话，你总是那么和声和气，难道我在你心里就没有外人重要吗？”

是的，在学校，在公司，对人对事，总是和颜悦色，满面春风，可是，一回到家里，却绷紧一张脸，一不顺心，暴躁如雷，凶神恶煞似的，鬼见了都怕，何况自己最亲的人？

我的一个亲戚，打电话告诉我，她儿子已很不听话了，单位发了一台工作用的小灵通，儿子抢着要，不给，他居然说：“不给行啊。你死了，不用你给，就是我的了！”一部小灵通，至于把妈妈咒死吗？她是一个亲情至上主义者，这一回，她无法解释儿子的言行。一句话就把氤氲在家庭之中的脉脉温情，撕成一片一片的，飞舞在空中，洒落亲人一地的伤心泪。

在网上，我读到一则外国小故事，心中一片凉。

美国加州，有一个 4 岁的小女孩，她父亲有一台大卡车。父亲非常喜欢那台卡车，总是为那台车做全套的保养，以保持卡车的美观。

一天，小女孩拿铁片在卡车钣金上划下了无数道刮痕。父亲盛怒之下，用铁丝把她的手绑起来，然后吊着手，让她站在车库里罚站。当父亲想起小女儿在车库罚站时，已是 4 个小时之后！父亲赶到车库时，女儿的手已经被铁丝绑的血液不通！父亲送她到急诊室时，手掌部分的组织已经全都坏死，医生说，必须截去手掌，否则，将会危害到小女孩的生命。小女孩就这样失去了她的一双手掌！

半年后，父亲的卡车进厂重新烤漆，又像全新的一样！当他把卡车开回家后，小女孩看着重新烤漆过的卡车，对着她的父亲说：“Daddy your truck is looking so pretty，same like new truck.”（爸爸，你的卡车像新的一样漂亮。）这时，小女孩无邪地伸出了她那被截断的双手，对她的父亲说：“But when will you put my hands back to me?”（可是，你什么时候能还给我一双手？）

读到这儿，泪水盈眶，身在颤抖。震撼，为那个被父亲深深疼爱的女孩儿的不幸，震惊，为那个无心伤害女儿的父亲！天底下，亲情莫不是如此珍贵如此深厚如此绚丽如花，却也曾这般，无心地生长伤害，抑或残忍。故事中的父亲，因受不了女儿无邪地追问，举起手枪，饮弹自尽。

叩问苍天：是什么力量，把亲人一步步推向极端，推入绝境？

到底是什么让我们义无反顾地去伤害自己最亲最近的亲人？难道仅仅是无心，是不是还有他因？迷失，一次次地迷失，心找不到归宿；迷茫，一回又一回地迷茫，爱搁浅在沙滩。是诱惑太多，还是，灵魂经不住世间风浪的摇撼！

亲人，明明是深爱自己，也被自己深爱着的人，为什么总是伤你那么深？

愿天下每一种爱，都不在恍惚中迷失，愿天下每一个人，不再因迷茫而施放冷言与恶行，与爱同行，弃绝对亲人无心的伤害。

——让爱回来，回归到你我身边。

寸草盈心

前些年，女人的丈夫为了贩卖所谓的古董，四处举债，注入巨资，到头来却血本无归。之后，男人不声不响地抛妇弃雏，远走高飞，偶尔从不知何处打电话回村，也没有回家的意思，但不忘叮嘱女人："好好带咱两个儿子……"女人骂道："你还有脸说这个？你没命回来?"说完，泪流满面，失声痛哭。

女人在村里拉扯两个年幼的儿子，过着有一顿没一顿的苦寒日子。每当想起那个远在他乡，无志无能无出息无责任心的男人，她欲哭无泪，欲罢不能。女人想过携儿子一同命赴黄泉，看着小儿清澈的眼眸，听着小儿清脆的叫唤，便二话没说自绝了那份心。天下母子一条心，谁忍心亲手扼杀自己儿女的命?

女人身单力薄，一把汗一把泪地耕种几亩薄田，却糊不住一家三口。她拼命地为砖窑挑砖坯，为造屋的人家做小工，流尽女人的汗和泪，吃尽人间的苦和累。为了孩子，她毫无怨言，有泪只往肚里吞。

每每拖着疲惫不堪的身子回到家中，两个儿子抢着去灶间烧火，去井里压水，极可爱、乖巧。他们过早地懂了世事，明白为劳累的妈妈分忧。女人摸摸这个儿子的头，抚抚那个儿子的背，舒心的笑在脸上渐渐洇开来，像一朵荷塘的睡莲。

砖窑歇工和没人造屋的时候，女人便领着两个儿子穿街走巷，四处捡破烂。她推着一辆快散架的破自行车，后座上挂着两个大而脏的麻袋，眼睛像高灵敏的扫描仪扫视角角落落稍微有一点用处的垃圾。她的儿子跟前跟后，也练出一副职业化的眼神，对满地的垃圾有强烈的与之过招的冲动。几天下来，麻袋里便装满了被人废弃的破铜烂锡，旧鞋废碗，林林总总，不一而足。

这天，女人在集口翻垃圾，一转身，发现儿子正蹲在一摊水前，拨弄着什么。她走过去一看，儿子正在援救一只落水的蚂蚁。

大儿子说："把蚂蚁捞起来吧。"

小儿子说："够不着啊！"

女人将一片草叶飘在蚂蚁身旁，蚂蚁爬上叶子，兴奋地爬来爬去，草叶像一叶爱心舟，将蚂蚁载向幸福、安全的陆地。两个儿子高兴地蹦呀跳呀，为蚂蚁的幸运拊掌而笑。寸草盈心，蚂蚁在爱心的呵护下，逃离了灾难。

多少年后，女人的丈夫携一个珠光宝气的女人回到村庄。他要从女人手里夺走一个儿子，然后，与女人离婚。

女人平静地说："哪个儿子跟你，你就带哪个走！"

两个儿子躲在女人的背后，惊恐地看着那个叫"爸爸"的男人，浑身战栗。他俩在爱心中长大，岂能跟着有钱无爱的"爸爸"一起生活？

谁言寸草心，报得三春晖。女人像一片寸草，承载着两个从小在爱河里落水的儿子，她要将他们载向幸福、安全的彼岸。

预知的苦难

落第一场雪的时候，女人突然直不起腰来，腰上针刺一样麻痛，那感觉尖锐而深重。女人想，是累了吧，歇一歇明天就好了。

女人的丈夫去世得早，家中的所有担子全落在她的肩上。女人心疼自己的儿子，怕后爸亏待他，让他从小就受委屈，固执地一个人度日。尽管这样，儿子还是受了不少委屈，比如，小伙伴骂他："没爹的……"儿子受了委屈就流着泪往母亲怀里钻，女人搂紧儿子，默默地陪泪。

回想起这些往事，女人就会下意识地骂一句："该死的家伙，只管一个人走得自在，这么狠心，撇下我娘俩不理不睬了。"

第二天，女人的腰痛不但没有好，反而更重了，已然下不了床。她头一回没安排儿子的早餐，塞了十块钱，让他自己到街上去买。儿子背着书包出门的那一刻，女人感到巨大的恐慌：我都成这样了，儿子怎么办?

女人强挺着去了医院，看了西医又转中医。医生说："别怕，定能治好的。你也别太挂念儿子，精神要开朗一点。"女人放心了，每天笑着去医院做针灸，笑着熬中药汤，腰疾慢慢恢复过来了。

最后一次去中医院做治疗，经治医师说："注意休息，过段时间就全好了。要记住，千万别干重活，腰部若有闪失，再想好，那就非常困难了。"女人点点头，句句牢记在心。

回来的路上，城市被暴雪装扮得像一个美丽的童话世界。女人赶到家里，没见到儿子的身影。她急急忙忙奔向儿子的学校，全然不顾漫天的风雪。

她的儿子独自坐在教室外的走廊上，见妈妈来了，哭出了声来。

他说："妈妈，我的腿一点力气都没有了，一步路都走不成。"

女人抱紧儿子，用手揉捏着儿子的双脚。她六神无主，自言自语道："怎么会这样？怎么会这样……"

女人一把背起儿子，深一脚浅一脚地背下楼。儿子确实长大了，身子结实，沉沉的像一座小山一样落在母亲的背上。儿子说："妈，你不能背我，你的腰痛还没好呢？"女人笑了，轻轻地抹干儿子脸上的泪水，说："不碍事，妈的病啊，全好了。"

女人把儿子放到的士车上的时候，感觉自己的腰像被大雪压弯的树枝一样。那种让她感到恐慌的痛楚再次袭击她脆弱的腰。

儿子的这场怪病急煞了女人，她四处打听能治这病的奇药良方，一有消息，就背起儿子赶去就诊。开始的时候，她还能忍着腰疼，到后来，只有咬紧牙关强挺过去。

这个冬天，女人背着儿子走了很多地方，看了很多医生，终于在一老中医手上觅得良方。她天天为儿子熬药，照应他服下，然后又用残汁为儿子泡脚。儿子的脚渐渐长劲了，女人绷紧的脸上也逐渐舒展开来，笑得阳光一般灿烂。然而，她的腰却一直酸疼得厉害，特别是阴冷天气，简直无法挺直而立。

忍一时痒易，忍一世痛难。女人这一生，腰痛将伴她终老。这一苦难是能够预知的，可她明知山有虎偏向虎山行。女人坦然地走进了这一预知的苦难，为的是自己生病的儿子。

有一种苦难是以爱的名义刻在苍凉的人生之路上的，它与预知不预知无关，只和人间真情相联系。

撵走心里的毛毛虫

女孩天生胆小，一只绵软的毛毛虫足以吓得魂飞魄散。偏偏路边的绿化树总会冷不丁地掉下毛毛虫来，吓得女孩连路都不敢走。每逢落虫的季节，非要妈妈送出这片绿化树不可。

她问妈妈："毛毛虫怎么那么可怕?"

妈妈说："等到毛毛虫走出你心里之后，就不可怕了。"

她又问："什么时候，我心里的毛毛虫才会走出来呀?"

妈妈告诉她："你长大了，毛毛虫自然就会被撵出来的。"

这天，几个调皮鬼把一只又粗又长的蚕宝宝放在女孩的书包里，然后一起坐在一旁等着看女孩的好戏。女孩在教室外面踢了一会儿毽子，回到教室，刚在椅子上坐下，见到书包里蠢蠢欲动的小虫虫，吓得尖叫一声，然后，倒在地上晕了过去。

几个调皮鬼见状也吓得够呛，躲了一天，不敢来上课。他们第二天回到学校，当着全班同学的面一同向女孩道歉。

此后，大伙只要说一声："有毛毛虫!"女孩准会吓得脸色煞白，浑身冒冷汗。

谈恋爱的时候，男友邀她去爬山，她怕山上有毛毛虫，迟迟不敢答应。后来，恐惧抵不住男友的热情，只好一路忐忑地跟在他后面。在弯弯的茶道上，她看见路边一只只绿如黄瓜细如线的毛毛虫蜿蜒而行，吓得眼睛都不敢睁开。男友紧紧地搂着她，用力牵着她的手，她眼睛半合半开地走过那条有毛毛虫的山茶道。

爬累了，他俩坐在一棵如盖的栎树下，轻轻絮语。山中绿凉如荫，女孩在情海中缠绵。突然，一只瘦小的黑毛毛虫落在她的膝盖上。她脸色惨白，倒在他怀里，嘴里不停地喊："吓死我了，吓死我了！"

结婚之后，她依然没有驱散毛毛虫在心里烙下的阴影。每次切菜切到毛毛虫，她都会大惊大叫，好几天都摆脱不了那种惊恐。想起了小时候和母亲的对话，她情不自禁地感叹道：什么时候，毛毛虫才会走出我心里呢？

女儿的降临，让她感到非常幸福和满足。女儿三岁那年，她抱着女儿去看外婆。路过那片熟悉的绿化树，女儿指着她胸前问道："妈妈，这是什么呀？"原来是一条毛毛虫，在她胸前蠕动。她刚想大叫，看见女儿清澈如水的小眼睛，本能地缩了回去。她想自己的惊恐不安一定会把女儿吓哭了，她不想吓着女儿。

她轻轻抓起毛毛虫，对女儿说："这是毛毛虫，它并不可怕，是不是？"女儿乖巧地点点头。她把毛毛虫扔在地上，和女儿说说笑笑走出绿化树。

在女儿面前，她突然拥有了一种力量，正是这种力量让她轻轻抓起毛毛虫，扔出老远，并且撵走了心里的毛毛虫。

放飞手中的气球

他的父亲是纽约颇有名气的股票经纪人，母亲是不起眼的店员，一个与数字为伍，一个与文艺结缘。他从父母那儿继承了两份不同的天赋：数学和音乐。

他原本可以过上幸福生活，然而，在 4 岁那年，父母在吵吵闹闹中终于离了婚。父母离异之后，他随母亲生活，日子过得很清贫，好在他母亲十分疼爱他，在成长路上，还算一帆风顺。她的母亲迷恋音乐，喜欢在绿茵茵的草地上唱歌，并且擅长多种乐器。在母亲的熏陶下，他也喜欢上了音乐，并在幼时暗下决心：长大后一定要当一名职业音乐人。

8 岁那年，他随母亲到纽约市郊外一座森林公园郊游，一路上和着母亲的歌，欢天喜地。一到目的地，他和往常一样，抓起几个五颜六色的气球在绿地上奔跑，欢快似出笼的小鸟。

看到气球，他母亲感慨颇深。儿子数学启蒙的道具正是这色彩斑斓的气球。从认 10 个数开始，便与它们结缘。5 岁的时候，他的逻辑推理能力开始形成，不借助气球能心算三位数的加减法。不过在心算的同时，他手上仍不停地拨弄气球。每个孩子都有自己最喜欢的玩具，他也不例外。气球就是他最贴心的玩具。

他在公园的林间跑呀跑，他母亲在后面边追边哼着小曲。母子嬉戏了一段时间，都感觉有点累，然后，面对面地坐在地上休息。母亲从包里取出一支精致的口琴放在嘴上，左右推移，林间立即回响起悠扬的琴声。

他瞪大眼睛，准备伸手向母亲要口琴，却又舍不得放飞气球。左右为难之际，母亲停了吹奏，朝他不住地发笑。在短短的几秒钟内，他做出选择，松开手，扑向母亲，索要她手中的口琴。气球在风中飘啊飘，倏地掠过树梢，飞向蓝天。

这一天，他学会了吹奏口琴，悠悠琴声响遍树林，这琴声也在他人生路回响。从此，他懂得了选择，第一次知道该舍弃的应大胆舍弃，该抓住的要毫不犹豫地抓住。打这以后，他真正地走进音乐，并沉迷其间。

在乔治·华盛顿中学毕业后，他考进著名的纽约米利亚音乐学院，正可谓如鱼得水。但是，学业尚未过半，他发现自己在这方面很难有长进，对音乐产生厌倦。与此同时，他对数字和经济发生浓厚兴趣。犹豫不决的时候，他想起8岁那年在郊外放飞气球的情景，脑子里总浮现那几只飞向蓝天的气球。

冥冥之中，那几只气球给他暗示，也给他力量，他毅然决然地退了学，进入纽约大学商学院学习，开发自己另一份天赋。1948年，他获得经济学学士学位。两年后，他又以最优秀的成绩获得经济学硕士学位，并到哥伦比亚大学深造。在哥大，他遇见人生第一位伟大的良师益友，后来在尼克松政届中出任美国联邦储备委员会主席的亚瑟·博恩斯教授。

由于家中贫困，无力支付他在哥伦比亚大学的费用，他被迫中途退学。他的学业就这么拖着，这一拖就是近30年。漫长的人生路上，他铭记气球的教训，放弃了其他的东西，一心一意地关注经济，一刻也不放松对自己钟情的经济学的研究。

功夫不负有心人。1977年，51岁高龄的他终于戴上哥伦比亚大学的博士帽。10年后，他被里根总统任命为美国联邦储备委员会主席，成了一位跺跺脚整条华尔街都会地震的重量级人物。

他就是艾伦·格林斯潘。

我们手中总握着许多“气球”，比如名利、财富、权势、地位、爱情等，但是，为了达到我们更远大的目标，充分实现我们的人生价值，必须放飞手中的气球，一心一意去追求。人生有涯，精力有限，只有放弃，才能腾出更多时间去创造，从而赢得成功。这个时候，不管手中的气球有多漂亮，多迷人，都要有放飞的决心。

母亲的钱财观

在乡下，母亲是“苦水”里泡过的人，经历过买不起盐的穷苦日子。她最奢侈的生活，就是1986年家里造新房的那段时间，过了一把花钱如流水的瘾。母亲不会妒忌那些有钱的人，也不羡慕过富裕的生活，对自己的穷困从不心焦。她嘴边常挂着这么一句话：穷日子穷过，富日子富过。

我一直认为母亲是在消极避世，不思进取，不知道通过努力奋斗去改变自己的命运。我参加工作后，才发现自己对母亲的看法错得一塌糊涂。母亲有一套属于自己的完整而朴素的钱财观，正像故乡泥地里的野草一样，模样拙朴，但生命力顽强，秋后一片烬，春来绿漫野。

刚参加工作的时候，我的收入不到200元，生活非常拮据，逛一回书店，一个月的吃用就无着落了。生活太苦，我想方设法去赚点钱，激情澎湃。晚上，我在一家宾馆做兼职服务员；双休日，我到广场卖风筝，卖报纸……然而，那只是三天的新鲜，收效甚微，劲头就没了，索性什么也不干。我恢复了原来的生活，每天从办公室到宿舍，从宿舍到办公室，追逐大流，庸庸碌碌地过活。

夜里，常常会做一些稀奇古怪的梦，梦见自己在街上捡到一个又一个金币银币，塞进口袋里，沉得走都走不动，醒来才知是荒唐一梦。这样的梦做了很多遍，有时是金砖，有时是百万支票，有时是成捆的现金。我把这些梦境当作笑料，说给母亲听，她只说了一句："穷人莫思宝，思宝穷到老。"

我兀自警醒，是啊，穷时日日在梦里想发财，一辈子都将过穷日子。不思进取，不努力奋斗，不顽强拼搏，财宝不会自动找上门来。穷时瞎羡慕是不管用的，得拿出点实际行动来。从那以后，我跑步奔向"钱途"，用自己的劳动去挣钱。除了正常上课，我还担任一家报社的特稿记者，晚上，辅导两个初中生写作文，另外，每天强迫自己写一篇文章，投稿挣稿费……人成了一个飞速旋转的陀螺，不停地转呀转。

母亲得知我处在这样一种状态，特意从乡下赶来省城，劝了我几天几夜。我非常不满，冲着她大发脾气："我不这样赚钱怎么行？要买房，要结婚，都得拿钱往里填啊，你又不会拿钱给我用！那只有靠我自己挣了！"母亲噙着泪，用哭腔说："水是流不尽的，钱是挣不完的。"我压根儿不把母亲的话放在心里，认为她是胡扯，继续像拼命三郎那样疯狂地挣钱。

半年之后，我被一场突如其来的腰痛击倒了，住进了医院，一切挣钱行动被迫中止。躺在病床上，望着白色的天花板，我头脑一片空白。这时，我才明白母亲那句话的真正含义，世上的钱是挣不完的，挣钱一定要有一个度，否则，肯定会栽跟斗的。趁着自己年轻，拿命去换钱，这一舍本逐末的做法，是一种短视行为。等到拿钱来买健康，才发现那样挣钱是极不明智的。

当我手里攒到几个钱之后，花钱成了一大痛苦。千辛万苦挣来的钱，每一分每一角，我都知道它来之不易，怎么忍心乱花一通？还是存在银行里吧，放心。我依然像过去那样省吃俭用，一分钱花出两分钱的意义来。

母亲与我的看法截然不同，她一再劝我："世上挣钱世上用。存钱不是一个好办法，得考虑把钱花出去。”花自己的钱太心痛了，我固守陈规，能不花尽量不花。现实很快给了我当头一棒：由于房价飞涨，银行存款原本可以买到 50 平方米左右的二居室，现在只能买到 10 平方米多一点。我体会到了比花钱更心痛的感觉了，导致这一结果的原因，正是没有认真听取母亲的劝告。

回到乡下，我把满肚子的后悔讲给母亲听，她没有半点责怪我的意思，反而安慰我：“古话说，穷莫愁，富莫夸，谁见贫长富久家？贫富就像水车里的竹桶，有时空，有时满，空空满满是变化的。谁都不能保证空到头，满到底。”

我曾在江西财经大学学了四年的专业理财，汗牛充栋的理论，学过之后，很难在现实中运用自如，而且，遗憾的是大部分的原理已随着时间的逝去而渐渐淡忘。有时，我觉得大学四年学的理财知识，真不如母亲简短的几句话晓畅、实用。母亲那散发着乡野气息的朴素的理财观，注定会影响我的一生。

金贵的月饼

小时候，家里穷买不起月饼，过中秋节，一个门前树上长的柚子和一把地里刨的花生，就算是赏月的吃食了。类似的情况，并不是一家，家家大抵如此。在村里，中秋节只有邻居家黄小旦才有月饼吃，因为他爸爸在矿上工作，月饼是单位发的福利。

吃第一块月饼的时候，我都已经是一名初一的学生了。人生第一块月饼，居然是花了天价，用一对金耳环换来的。

对月饼，我向往已久，每年都会缠着黄小旦分一点尝尝，都空劳无获。这年，我仍和往常一样缠他："小旦，给我吃一点点，好不?"他一反常态，大方地说："不要分一点，要不我从家里拿一个完整的给你!"我当然高兴，谁知他提了一个要求："你要拿你妈妈的耳环给我换。"妈妈的耳环？我知道那是妈妈的宝物，是姥姥给妈妈陪嫁陪过来的，她只在重要的场合、重要的节日戴，平时都是放在衣柜里面。有一次，我无意中发现了妈妈藏藏掖掖，等她不注意，我蹑手蹑脚地去掏，才发现那是妈妈从耳朵上取下来的一对耳环。

我没有马上答应小旦，只是一个人溜进里屋，察看妈妈的耳环到底在不在。我搬来凳子，站在上面，伸手一掏，把一个红包掏了出来，打开一看，果然是那对金灿灿的耳环。这时，我的口水流了出来，我分明闻到了那股诱人的月饼浓香。

我把耳环递给小旦，他马上从兜里取出一个圆圆的月饼来。我一把抓过，三口二口狼吞虎咽起来。啊，太好吃了，甜甜的，香香的，吃完看一眼天上的圆月，觉得那月光都分外皎洁明亮。

我转身要走，小旦的妈妈又递给我月饼。这一回，我没有吃，心想，爸爸妈妈从来没吃过月饼，一定要让他们尝尝！

月夜下，家人在屋檐下支起一张小方桌，爸爸妈妈正指挥姐姐破柚子，大簸箕里盛满了新煮的盐水花生。我把那块月饼伸到妈妈眼前，兴奋地说："妈，吃月饼！"妈妈没有接，而是追问怎么得来的。当她知道是拿金耳环换的，气得不行了，直骂我是败家子！让我感到惊奇的是，爸爸坐在椅子上一动不动，如在以往，他非打扁我不可。

妈妈领我到邻居黄家，要求退回月饼，并追回耳环。黄小旦的妈妈质问道："你儿子已经吃了我一个月饼，怎么能追回呢？除非他吐出一个完整的来！"爸爸从后面追了过来，把我们拉了回去。他说："儿子都是中学生了，既然做了，就要承担下来，怎么能反悔呢？"

爸爸没有打我，妈妈一个人躲在屋里哭了起来。爸爸问我："月饼好吃吗？如果想每年中秋都能吃到月饼，就要好好读书。你知道，你送出去的金耳环值多少个月饼吗？再不好好上学，你还会犯这样的傻！"我哭了，为自己的愚蠢，为自己好吃而哭泣！

月光如水，爸爸把那块月饼切成几块，给我们姐弟几个分了，他自己带头吃了起来。姐姐也给妈妈送了一块进去。妈妈当时吃没吃月饼，我已记不起来了，但是，这个有月饼的中秋节，一直深深地根植于我的内心。

从那时起，家人就开始把我当大人看了，并用宽容和爱，替我构筑起一个男子汉的尊严。这块金贵的月饼，一直香甜着我的少年梦，香甜着我人生每一个中秋夜。

漩涡中的父爱

自小，我就怕父亲。

在我 6 岁那年，父亲用巴掌重重地击打我的头，一连三次，而且一次比一次更着力。痛感以麻木的形式印刻在我的记忆里，岁月已难以将它抹去。我上高中那几年，常常因为解题解得头脑麻木，这时，儿时那种无与伦比的痛感像镂骨的阳文，清晰可见。我会下意识地抱着头，像儿时那样躲避父亲挥舞过来的拳头！

姐姐现在回忆那场痛殴，还惊悸不已，最后总结的是这么一句：“弟弟，那时候，你叫得真是比挨杀的猪还刺耳惊心啊。”

那一次重量级的挨揍给我留下的记忆并不深刻。其实，较之轻点的体罚，几乎天天都有。这些，我都挺过来了。比挨打更让我感到恐惧的是父亲的语言暴力。在他看我不顺眼的时候，往往出言不逊：

“小心我打断你的腿！”

“再不听话，拿锄头把你打二截！”

“还贪玩，我挖成一个坑，把你活埋！”

……

父亲用我们本地的方言说出这些的时候，总让我感到不寒而栗。

夜里，我常常扪心自问：“我到底是不是父亲的亲生儿子?”直到十七八岁，我还隐约相信儿时母亲对我的搪塞之语：“你是妈从后山那棵最老的栎树蔸里捡回来的。”因为受苦受难太深，十几岁的我便过早地给自己下了道死命令：以后生了儿子，我绝不打骂他一下！

即便挨打受骂到了那种地步，我也没有恨过父亲，只是惧怕，甚至听到父亲的声音，都心跳加速。

上高中后，我在县城住校，与父亲相处的时间减少了，渐渐地，惧怕之情如黄昏后的天光渐淡渐无。望着日渐与他齐平的儿子，父亲对我的打骂开始收敛。但是，父子之间仍隔着疏疏淡淡的一段距离，怎么也抹不去。

真正让我改变对父亲的看法的是在我 20 岁那年的一个漩涡。

那年十月，我南下求学，因为秋汛，村里村外，一片泽国。进村出村，只能依仗小小的简易竹排。撑排到通往抚州市的公路上，必须横跨抚河的支流汝河（在我们那儿叫北港），也不知怎的，河里危机四伏，漩涡不断。

就在父亲撑排送我之前，我们亲眼看见一个同村的汉子被漩涡卷入抛出，身上挂伤多处，胳膊上血流不止。我怕了，对父亲说：“爸，咱不去了，等水退了，再走吧！”父亲却没事儿一样，说：“怕什么，说不定，我们不会碰到漩涡呢！”

竹排横过汝河，父亲脸色突变，上牙紧咬下唇，脸上肌肉紧绷，双手紧握竹篙，目视前方，异常镇定。在河中央，我们还是遇上漩涡，父亲一把跳入河中，高喊：“宏仔，蹲下，抓牢！”父亲用竹篙抵制漩涡的吸力，拼命地将竹排推出旋转的势力范围。

我被巨大的洪水吓哭了，高喊：“爸——爸——”却不知怎么去帮。

最后，父亲拼尽全力，游到靠近河边柳杈的地方，抓牢柳枝，才彻底地摆脱了漩涡。他累得气喘吁吁，爬上竹排，冲我嘿嘿一笑，漩涡中，我终于明白“父亲”二字的含义，这个曾打我骂我的男人，居然可以为我流血，为我付出自己的生命！

可我明白得太晚，第二年初春，父亲因患心肌梗死，突然撒手西去。在他的床头，留下当年他因获“五好战士”而奖励的一本记事本，上面记录了我南下上学所借亲友的钱数，也记录了父亲每一次打骂我之后，他内心的悔恨与痛苦。在那本卷角泛黄的记录本上，几乎每一页都留下父亲写下的两个字：制怒。

是啊，父亲有高血压的宿疾，容易动怒，脾气暴躁。他也不想打骂我啊，只是难于控制，难于把自己平息到常人的平和。那些年，父亲一直在另一种旋涡——一种来自内心的无法控制的情绪旋涡中强撑，想逃离打骂儿子的习惯，却无法做到，苦如黄连是他的内心。

想起父亲，便想起他那次漩涡中的奋争，想起他穷尽一生在向自己的情绪旋涡抗争，这个对我恩重如山情似海的男人，用父爱刻下人间最美的诗文，让我受用一生。

春 晖

八岁那年的冬天，我经历了一场大病，愈后，身虚体弱，一副弱不禁风的样子。家穷，拿不出钱来买营养品，父母只有在吃饭的时候，强装豪迈地说："你，多吃点饭！"其实，家里的米也没有多到可以随心所欲地大吃的程度。

飘雪的时候，我力不可支，气弱如丝。父亲急了，他一急就驼一柄锄头去给儿子觅"营养"。父亲披着一身风雪回来，两手空空，额头血迹斑斑。原来，他在树下行走，被枯枝击中。

伤势未好转，父亲带着伤冒着雪又出去了。他找到一条干涸的水沟，一锄一锄地掘硬泥，希望能倒腾出几只泥鳅或黄鳝来。也许是心诚之故，他果真带回来两条巨大的黄鳝，有锄头柄那么粗。

母亲生火，活炖黄鳝，浓浓柴烟，呛得她咳嗽不止。她严重的气管炎是经不住这浓烟呛的，但她忍了下来。母亲极细致地掌握火候，眯着眼睛流着泪，做这道清炖黄鳝。她紧锁多日的眉头舒展开来，嘴角露出微笑。

香气四处弥漫，母亲端出黄鳝来，放在我面前，说："趁热吃了吧！吃下去，力气就会大，身体才会壮！"

我愣愣地看着这一条粗而大的黄鳝，它翻转身子，倒卧在碗里，腹部高高拱起。黄鳝活的下锅，炖熟了，竟是这副样子，让我疑窦丛生。我看过黄鳝在水里游，背在上，腹在下，这会儿，却是腹在上，高高拱起，背在下，呈弯曲之状。

我用筷子拨开黄鳝腹部，里面有一条小鳝！原来，为了保护小鳝，黄鳝母亲在滚水里努力拱起腹部，使其脱离水面保护腹内细小的胎儿，这一形状竟定格成永远。

此后，我连吃了几次炖鳝，身体逐渐壮实起来。

冬天过去了，春晖普照，万物复苏。爱如春晖，无声无息，又无处不在，时时给予，又无须回报。天地之间的所有苍生，怜儿爱女，是多么酷似！

不怕慢，就怕站

暑假回到家里，与母亲一道下田割稻。母亲年逾半百，鬓发斑白，眼睛深陷，皱纹层叠，明显力不能久支。天很热，弯腰割稻又颇为累人，我难以适应。过不了多久，我就要直起腰，透透风，歇歇气。平心而论，母亲的割稻速度远不及我，但我还是远远地被抛在后面。

我疑惑不解地问："妈，你怎么老超过我呢？我比你割得快呀。"

母亲说："老古话说得好啊，不怕慢，就怕站。拉纤绳莫弯，割稻腰莫直。你算算割这点稻你弯了几次腰，停了几多时？你这一歇一停，我不就赶上了。"

这让我想起上高中前父亲送给我的一幅题为《挑山工》的漫画来。那画是父亲依他所讲的同题课文而作的，一座高山，一位挑山工，两三个游客，三四片浮云，揭示出一个浅显的道理：不怕慢，只怕站。挑山工负重上山，步履沉重，步伐缓慢。游客轻装登山，脚下生风，轻松自如，但一到景点就驻足观赏，恋恋不舍离去。游客每每不经意间超过挑山工时，心里便存疑问：他怎么总出现在前面？及至山顶，挑山工已坐在一块石头上休息。

一个人一旦止步不前，必有许许多多的人从他身边走过，走向他目不可视的远方，走上他遥不可及的成功。古诗云："沉舟侧畔千帆过，病树前头万木春。”当你的朋友苦心研修电脑时，你在门外嘀咕：“派得上用场么?”你在等待，这一等就等出千年的距离。当人们用智慧和汗水开创明天时，你尚且躲在安乐窝里“今朝有酒今朝醉”地过活，那世界便与你有万里之遥。

千里马千里之行，不在乎瞬间的疾驰如飞，就怕中途停下，畏惧路遥，卧槽不起。马行千里不怕慢，就怕停。慢马总有到达目的地的时候，骏马一朝歇足，终点永远是遥不可及的神话。

同样，人不怕行动上的失败，不怕成功前的缓慢，只怕倒在失败里爬不起来，躲在成功中走不出来。

父亲的夏日汤

这是世上独一无二的汤——父亲的夏日汤。

江南三伏天，酷热难耐，人像是被困蒸笼里。这样的天气，农人却要在太阳底下忙东忙西，忙个不停。每每见到父亲从田地里回来，一身汗湿，衣服没有一根干纱。每到饭点，父亲打个赤膊，前胸后背像是点缀了片片鱼鳞一样，挂满清清亮亮的汗球。回到家里，父亲做的第一件事，是去厨房端起钢精锅，大口喝稀粥。

吃饭的时候，粥早已被喝得底朝天，父亲是去端起大蓝边碗，咕嘟咕嘟喝汤。

现在想来，父亲喝的不是汤，点点滴滴都是辛酸。

父亲的夏日汤，不图味美，不求营养，只贪两样：辣和凉。那时候，乡下不通电，没有冰箱，凉的唯一来源只有水井。要喝汤，父亲先叫我的姐姐们，去井里吊沁凉的井水。村里有两口井，父亲一定会嘱咐姐姐去下屋那口，那井水才冰呛得够味。

井水，是汤的底料。至于辣呢，父亲不用辣椒粉，而是端出一个腌缸来，夹几根菜梗放入凉水，嫌不够咸，再加点盐，又要保证味之鲜，就放少许味精。一钵清凉的鲜辣夏日消暑汤，就这样大功告成。

望着没有一丝油花的粗汤，父亲用筷子敲敲碗沿，自嘲：“这可是世界上最美味的汤!”还别说，我居然被父亲逗引得心眼痒痒的，恨不得能喝上几口。父亲却不许我碰那汤，一人独占。

现在想来，父亲这样做，还是为我好，重盐，凉水，腌菜梗，对一个正在长身体的孩子来说，都是有害无益的东西。虽说父亲只是一个地地道道的农民，但还兼任村小民办教师，在村里算是显赫的文化人。这些道理，他懂，所以，禁止我碰他的专利汤，把母亲做的真材实料做的丝瓜汤，推到我面前让我喝。

有时候，母亲怕喝太多凉水闹肚子，会力劝父亲用开水打汤。那时，父亲相当不情愿，在他看来，等一碗汤凉，实在不是一段美妙时光。

一年最忙最累在夏大，父亲超负荷劳累，到头来，居然只靠一碗夏日汤来解乏。

真的不敢想象，当年为何那么穷。就拿绿豆汤来说吧。现在，夏天喝一碗绿豆汤消暑，是再平常不过的了。但是那时候，虽然家家户户都在自家的菜地里种了绿豆，但没有哪家会奢侈到做一锅绿豆汤，顶多在粥里撒几粒，能喝上一碗绿豆粥算相当不错啦。那么自家种的绿豆都去哪儿了呢？当然是集市。卖掉，换几个小钱，贴补家用。

父亲是庄稼的勤务员，田间地头勤看护，风里雨里去保护，及至颗粒归仓，把他们一一送至粮站或者集市。

一碗举世无双的夏日汤，那盈盈的瘦汤汁，映出了父亲生活的不易，耐苦，乐观。一晃父亲离开我们已整整20年了，每每蝉鸣来炎夏，我都会情不自禁地想起父亲的夏日汤。

这不是一般意义上的美食，已然成了我的精神图腾，让我敢于在困难面前抬头，在挫折到来时挺胸，在大山压顶之前，仍能保持37℃的微笑。

我没喝过父亲的夏日汤，但它却滋养我的灵魂，从开始到永远。

第四辑 青瓷油灯

人生处处藏玄机。

“最好”如山障眼，此时的青瓷，彼时的油灯，在有与无之间，在念与不念的两边，水分泾渭，地成南北，看重了，高上天，忽略了，沉入海。

沉沉浮浮，爱爱恨恨，一隔两重天。

人生时时在失去，凡心悟，“最好”永远留在不可及的历史烟尘之中，慧心觉，眼前的一点一滴最为珍惜。

承　担

赌石，是勇敢者的游戏。一口气，一把刀，一富一穷，一生一世，一场波澜壮阔的生存者游戏，一出跌宕起伏的独幕人生剧。

玉从山上买来，都是顽劣的石头，只有在刀刃下，才现其庐山真面目，顽石仍是顽石，真玉则显露温润之肌，亮泽之色。

一刀下去，砍的就是下半生啊。此乃所谓“一刀穷，一刀富，一刀披麻布”。劈出真玉，一夜暴富；削出石来，要么一夕变穷，要么上吊投江。这一赌，赌出悲壮意味，赌出别样的人生况味来。

古往今来，赌石者络绎不绝，是富是穷是自尽，他们一一承受，勇敢地承担。

细细品咂，人生何尝不是一次放大的承担？

承担道义，我们更崇高；承担风险，我们更勇敢；承担悲苦，我们更深刻；承担失败，我们更理性；承担快乐，我们劲儿更足。每一次承担，都是一场华美的展示，每一次承担，都是人性的闪光，而生命因为承担，通透明亮，激情飞扬。

主动承担，将迎来更多的机会；快乐承担，将收藏更丰沛的动能；勇敢承担，则更接近胜利者的姿态，以及成功者的心态。因为承担，也许我们会有疼痛、苦闷和责难，但更多的是欢乐、兴奋和掌声。

承担是一种博大的胸襟。

河床承担着水流调皮的冲刷，造就浩浩荡荡气势非凡的河流；大树承担着狂风无情地摇撼，造就了炎夏里一阵习习凉风，一片如盖的阴凉；天空承担着骤雨的击打，造就了雨后一弯美丽的彩虹……

而你的承担，造就了一个宽广胸怀，善驻心间的大写的你。

那么，我们为什么还要怒目承担，逃避承担，绕着弯儿，走到承担的反面呢？

承担是一种美，承担是一种心境，承担是我们须臾不可远离的生活真经。

前面，不管是大堑，还是通途，不管是悬崖峭壁，还是迷魂之阵，选择承担，是人生开给我们唯一的通行证。

忘 我

1961年，一个名叫杰克森的新西兰小男孩，头一次看了一场名为《金刚》的电影。这是一部1933年拍摄的经典影片，曾经轰动一时，影响深远。在电影院，他进入了一种忘我的境界，完全被离奇的故事和影片中神奇的色彩所吸引，仿佛置身于一个奇妙的探险世界。

走出电影院，小男孩便萌生了当导演的念头，并且立志拍一部像《金刚》这样的电影。几年后，小杰克森在生日那天，收到父母送的一件礼物——一架V8型摄影机，为此，他迷上了拍电影，并且准备学着大人那样，着手拍一部《金刚》。他用硬纸壳制作帝国大厦的模型，找来一幅美国纽约的风景画做背景，又把母亲的毛衣披在自制的金刚模型上以充当皮毛，然后，拉开架势，忘我地投入拍摄之中。

结果，他失败了。

电影《金刚》不可能就被他这么“小儿科”地搞定的。现实条件不成熟，他不得不暂时放弃自己的努力。但是，他一刻也没有放弃当导演的梦想。

多年后，这位新西兰小男孩梦想成真，终于当上了一名大导演，并且荣获了多项奥斯卡奖。他，就是世界影坛著名的导演——彼得·杰克森。

功成名就之后，杰克森忘我地投入自己的电影事业，但童年的种种，常常清晰地映在脑际，仿佛如昨。他决定重拾儿时的梦想，重拍一部新版《金刚》。他带领一帮同事精心筹备，时间长达9个月之久，但是，在游说环球影业公司投资时，失败了。环球影业认为《哥斯拉》和《巨星传说》已火爆了一阵，观众可能看腻了怪兽电影，而且，杰克森上一次拍摄的《不可思议的勾魂事件》票房收入很低。

这一打击，让彼得·杰克森感到天昏地暗。事后，他在接受记者采访时说："这是我事业上最黑暗的日子！"

摆脱黑暗，杰克森有自己独特的办法，那就是忘我地工作，忘我地拍摄新的影片。经过自己的一番努力，彼得·杰克森终于为全球观众奉献了获得多项奥斯卡奖的电影《魔戒》，在赢得了鲜花和掌声的同时，杰克森也赢来了环球影业的橄榄枝——公司郑重邀请他重拍《金刚》。

彼得·杰克森大喜过望，立即联合自己的黄金搭档法兰·华丝和编剧菲力·波思斯，倾力打造全新版《金刚》。他像小时候那样，在新西兰首都惠灵顿市忘我地投入拍摄制作，力争为全球影迷奉献一部精彩绝伦的美女与野兽的电影，让所有走入影院的观众不知今夕何夕，不知现实和自己，只是沉醉，快乐地沉醉。

如今，这部全新的《金刚》已在全球公映，反响巨大。彼得·杰克森这个年仅44岁的大胡子导演，终于圆了儿时的《金刚》梦，圆梦的酬劳是非常丰厚的！——据说，他一人就能拿到千万美元的酬劳，当然，还不包括票房分红。

新版《金刚》的看点之一是金刚这个大怪兽爱上一个美女，此外，数字化特技制造的史前动物世界和诸多极具冲击力的画面，让人震撼。

电影最后一句台词是这么说的："杀金刚者，不是飞机，而是美人。"我想说的是，新西兰导演彼得·杰克森之所以能梦想成真，抵达成功的彼岸，不是幸运，也不是高科技，而是一种精神，忘我的精神。

忘我地投入，是成功者应有的姿态。

屋　檐

在一处古村游览风景区，一帮游客正在兴致盎然地参观清代江南某五品官遗下的豪宅。古宅形体庞大、精巧别致，给人极大的新鲜感。站在古宅前，游客们心里都纳闷：这宅子的屋檐也真怪，怎么做成一个小巧的屋子？导游小姐站在屋檐下，给游客们卖了一个关子。她指着屋檐下那间小巧的屋子，学着某电视节目的语气问道："大家知道这间小屋子是干什么用的吗？"经这么一吊胃口，大伙的兴趣就来了，纷纷抢答。

有人说："放鞋子用的。"

有人说："训小孩用的。孩子做错了事，让他闭门思过。"

有人说："雨天进门，把蓑衣放在这。"

有人说："防贼的。双重门，起到很好的防盗作用。"

有人说："关鸡的。"

……

导游小姐抿嘴一笑，无奈地摇摇头。她告诉大家："都没猜对。是供路过此地的流浪汉遮风挡雨，歇脚过夜的。"

游客们哑然失笑。

现代人生活舒适了，不知在街上行乞、在世间流浪的人的悲苦，谁还会把他们放在心上？随着生活节奏越来越快，我们的同情心渐渐被挤进一处孤独的暗角，我们的悲悯情怀也正一点点丢失。在现实中，人们不会为流浪汉做一个能挡风雨隔黑暗的屋檐，在心灵里，也没有给社会上的弱者留一个充盈同情与关爱的“屋檐”。

有人说：“屋檐是前进中不得不舍弃的东西，因为高楼大厦不需要它，也不知道谁真正依赖它。”但反过来想想，大家都没有胸怀博爱的“屋檐意识”，总不会是好事，往轻处说，那至少也是我们的一大悲哀。

屋檐下藏着对他人的关爱，对弱者的帮扶。我想，清代的子民就知道给自己的屋做这么一个檐，现在舍弃，未免不是一大遗憾。人活于世，谁没有一个难处，谁能保证自己不需要他人的帮扶？屋檐，其实是多年来前辈们爱心的凝聚。

有能力做屋檐的人，在自己有生之年多做几处吧！没能力，那就在自己的心里搭一个屋檐。心怀天下，悲悯苍生。

富贵之心

有一则关于李嘉诚的财富故事，流传已久：说是李公掉了一元钱到阴沟里，被人捡到了，还给了他。李嘉诚当即赏给拾金不昧者 100 元。他的理论是：一元钱掉在阴沟里，它便永远失去了价值，而赏出的 100 元正是对这一价值的犒赏。一分一厘来之不易，当惜啊。

此举被人广为褒扬，而我，更喜欢的是李嘉诚对待金钱和财富的那颗慧仁之心。

面对央视《东方时空》记者采访，李嘉诚说，钱财是一个变数，今日坐拥万千，也许，明天一跌，就折半了。只有内心的富贵，才算是一个真正的富人。

内心的富贵？多么富有诗意的一个词啊！世上原本俗不可耐的金钱，居然与圣洁的心灵同台表演，演绎一出华美的歌会。

真正的财富，当是今生可以享用，身后仍归属于自己的。此乃内心的富贵，而其精髓是：帮助别人。李嘉诚说：你世上做的，别人得益的，才是你永恒的财富。所以，作为世界华人首富的李嘉诚，才会捐资设立汕头大学，才有了那种为了医疗和教育，不顾一切地投入的干劲和兴头。钱财是身外之物，助人却是分内之事。

富贵的心，不一定是腰缠万贯的富商，而是心怀助人之意，乐善好施，扶危济困。李嘉诚说过："帮人，让我叩头都行；挣钱，要我断腰不行。"叩行天下，一路遍洒阳光，播撒善良和爱的种子。等我们垂垂老矣，回首往昔，一路鲜花灿烂，香飘四野。即便我们离开人世，那鲜花暗自飘香暗自春，让后来的行人，深深地为之牵念。

助人之心是财富的引经幡，直通向富贵。富贵的心当是富人最佳的心灵境界，亦是凡人通往精神富有的一条必经之路。

很难吗？其实不。

渴者，济之于茶；热者，济之于凉风；夜行者，济之于火烛；困苦者，济之于财物。对胜利者，献上一片掌声；为失败者，送上一句暖心话。把穿旧的衣服鞋子送给需要的人，把剩下的零钱捐给贫穷的人。扶老人、小孩过马路，给孕妇、病弱者让座……如此一来，我们胸膛的这颗心，会越来越激荡，越来越欢畅，而且，还将拥有一个响亮的名字：

——富贵之心！

美国生活

上午8时49分，还在床上猫周末觉，居然遭遇有生以来头一回感受强烈的地震（事后媒体称亦是南昌有史以来感受最强的地震），床晃动着，墙头如风中柳一般摇动，玻璃窗户咯咯作响。

窗外，已是人声鼎沸：地震了！真的是发地震啊！

一家人急急地从楼上下来，小区的草坪，早已站满了惊慌失措的邻居们。大家见面的第一句话都带颤音："城震啊！抖动得太厉害了！"而此时，我已双腿如筛糠，心跳得厉害！长这么大从没经历过地震，中学地理教科书也明明白白告诉我，江西压根儿不在大陆板块间，不属地震带，却在这么一个阳光也有点慵懒的早晨，结结实实地给碰上了。邻居们叽叽喳喳地议论着，因为没有任何官方消息，不知道是某地传来的波震，还是后面更大地震的预震。魂都吓没了，焦灼地望着初冬的暖阳，而白花花地阳光映在楼前，冷冷无言。

有人查114得到地震局的电话，而那头永远是占线。半小时后，好像没什么动静，疑虑万分地上楼，以为电台、电视台会中断正常节目播报刚刚过去的震情，然而，广告仍是广告，肥皂剧仍冒泡似的放着，好像"天下无震"，没发生什么事似的。急躁地想，这可是生活着数百万人口的省会城市啊！

之后，网上才有一则简短的消息：记者从江西省地震局获悉，2005年11月26日早上8时50分左右，九江县发生6级地震（按省标准测定得出，国家标准为5.7级——作者注），南昌受波及。江西省地震局按紧急预案进行处理。地震专家正在进行震情会商，如有余震将通过中国移动和中国联通的手机短信平台通知每一位市民。地震专家表示，南昌已没有安全问题。

中午1时许，正惶恐不安地收看电视，客厅的吊灯跳起了摇摆舞，大地在颤抖，屁股底下的沙发也随之舞动。地震，又来了！

再下到草坪，人比上回少了许多，与一个大爷面对面，我把心恐不安的情绪告诉他。他只说："年轻人，就当经历一回吧，千万元也买不来这种震感体验啊！"心才稍稍安了下来，把地震局发给全市百姓的短信翻出来看：此次地震对南昌的生产生活不会产生影响！多读了几遍，就安慰自己，没事了，真的没事了啊！

晚上，我在电脑上敲这篇小文时，腿还呈惯性地发软，尽管已知道这几起都只是九江地震的余波，但几番震感体验，已是冲破了自己的承受底线。只是想起那位大爷的话来，才稍稍让紧张如士兵战前的心，缓缓舒展。

依稀记得一次深夜打车回家，在一条条寂静无人的街上，车跑如飞。车内，回响着午夜收音机点歌台的流行歌，我打着哈欠，散漫地问司机："你天天晚上出车，白天睡觉，觉不觉得烦啊？能承受得住吗？"他满含笑意地回答："我过的是美国生活啊！我们晚上，美国是白天，是工作时间；我们白天，美国是黑夜，是睡觉时间！我和美国人的作息时间一样。别人去美国多不容易啊，而我不出家门，就过上美国生活。"他和临震而不乱的大爷一样，都是豁达开朗积极乐观的人，再大的困难，再大的灾难，翻开藏在自己内心的词典，都有其独特的唯美解释。而我，缺乏的正是这么一种心态。

什么心态，决定过什么生活。其实，在上帝还没有收走我们之前，再阴暗的遭遇，再磨人的生活，都有其美丽的一面，哪怕是地震，抑或黑白颠倒。

一双小红鞋

每天都能从报纸、电视上看到灾难新闻，多少生命如秋叶一般跌入黑暗的地狱。渐渐地，本能地麻木了，成了一个能承受超强电击的“超人”，哪怕是1360伏的高压。曾看过一则新闻，褒扬性的，说今年矿难死亡率比上年有所回落，天大的好事，万人欢呼。然而，成千上万冤死矿难中的生命，在笑声中被忽略为零。

原来，麻木如我，不只是少数，甚至还有人以此为乐！

前不久，新华社知名记者朱玉来我们这儿讲学。她讲的《一双小红鞋》的故事，重重地将我“电击”——我在麻木中聆听到生命的召唤，声声如泣。

她说，当年重庆发生天然气井喷时，作为卫生口记者，她奉命赶到现场采访，到处是死亡、恐慌和求生的目光，记者处在一个急速下沉的漩涡之中，生命被卷到里面，不堪一击。

那天，她来到殡仪馆，看到两百多人躺在冰冷的水泥地上，他们死了。她心如止水，坚持着，把采访做完。突然，她看见一双小红鞋，极小的，棉制的婴儿鞋，心里就掀起狂涛巨澜，一刻也不得宁静。婴儿只有6个月大，死在母亲的怀里。人间的风还没闻够，世间的光还没看够，他就穿着一双小红鞋走了……

那一刻，朱玉流泪了。

当我听到这儿，信奉男儿有泪不轻弹的我，眼睛也湿润了。

总有一种颜色会让我们的眼睛刺痛，总有一个细节会让我们的心痉挛，总有一个故事让我们泪流满面。

这一双小红鞋蕴藏着生命的感动和对生命的敬重。

没有中奖的明信片

一年一度的有奖明信片开奖了，我赶紧翻出亲戚朋友和一些报刊编辑给我寄来的贺年卡兑奖，一共12张，无一不是从希望到失望。再翻出《读者》杂志寄赠的“2005《读者》珍藏明信片”核对，48枚也无一中奖。

又是一个明信片没有中奖的年份，心里有些微微的失落感，但是，随着我将这些没有中奖的明信片放入深柜中，这种感觉便消失殆尽，取而代之的是对自己的鼓励：“我明年应该会中奖的，至少中个四等奖!”这是一种积极的直感，明快、热烈如新回大地的春光。

有奖明信片进入我的生活之后，类似的种种感觉每年都有，我坠入了生活中一个奇妙的轮回。购买有奖明信片，连同温馨的祝福一同寄给亲戚朋友和一些合作的报刊编辑，之后，他们回赠新年祝福和中奖机会。享受美妙祝福，接下来，便期待开奖之日了。

如果单单地传递祝福，可以有多种选择，比如信函、电子贺卡、手机短信和电话问候等，然而许多人和我一样，无一例外地选择了有奖明信片。个中奥秘不难理解，在寄出了明信片之时，就许他（她）一个中奖的希望，给他（她）制造一种期待的心情。

就像我每天坐在家里写文章，认识我的人都惊异不已：你天天闷在屋里不烦吗？实话实说，烦闷与苦恼之类的消极情绪当然有，但与期待和希望相比，则显得少之又少。写完一篇文章之后，便期待它能发表，发表之后，又希望它能被转载，转载之后，还在心里默默祝福它能入选出版社编辑的“年度最佳文选”。即使有大批文章成为无法发表的废稿，心中仍有期待，期待下一篇写好一点，摆脱废稿的命运。

如果心里没有了期待，日子没有了盼头，未来没有了希望，我想我是一个字也写不下去的，更别提天天坐在书房看书码字。

这和我表哥的境遇也颇为吻合。他生活衣食无忧，住大房子，开小轿车，夫妇俩有稳定工资，养了一个小孩，由保姆带着。生活安稳，日复一日，没有波澜，没有悬念。有一次，表哥在报上看到有关用风采福利彩票基金盖起敬老院和医院的报道，突然来了灵感：生活单调，何不买彩票来调剂?

之后，他每天不多不少花 10 块钱买 5 注彩票，生活便多了一个盼头，期待周二周五电视公布中奖号码，更期待自己能中奖。几年坚持下来，表哥在捐赠慈善的同时，为自己单调的岁月制造了一个个希望。他曾中过 2000 元的小奖，把 1000 元捐给了福利院，然后，携妻儿到郊外的梅岭风景区游玩了一趟，生活平添了一份逸趣。

我们都生活在今天里，如果没有对明天的期待，对未来的希望，今天就会因为孤寂、单调，甚至无聊，而备觉难挨。昨日的辉煌、荣耀和快乐，很难顺延至今日，那只属于断代史，永远留在了历史的烟尘，融入了生命的记忆。把日子过得有趣有乐，还得靠自己为明日制造希望，为今日营造一种期待的心情。就算所有的努力都成了一张张没有中奖的明信片，但并不损害每一个今天的快乐，每一个生活过的当下的愉悦心情。

穷日子富过，靠的是期待；富日子快乐地过，靠的是对美好明天的向往。就像购买中奖明信片一样，我们在生活中时时处处为自己储备期待，积蓄希望，那是人生的“有奖明信片”，在前路上，每一张竖成一座希望的灯塔，让每一个走过的日子，通透明亮，快乐心怡。

青瓷油灯

一个朋友从韩国归来，拎回大包小包的风味小吃、旅游纪念品，我们一边分享他的快乐，一边探寻他对韩国美好的印象。这一异域之旅，他三言二语道尽。倒是对一盏青瓷油灯，念念不忘，喋喋不休说上半天，叹声连连。

韩国的青瓷举世闻名。那天，朋友在庆州市一家青瓷店里，面对满柜的青瓷器具，感受到来自青瓷世界诱人的魅力，凉凉的，滑滑的，亮亮的，如星光点缀的青蓝的夜空。挑尽千瓷皆不是，他只对一盏青瓷油灯着迷。它精巧别致，通体透亮，釉质晶莹，白中泛青，青里透白，苍青欲滴，有爽滑而坚硬的质感，有灵动而凝的绘饰。把青瓷油灯放在手心，这可爱的小东西仿佛吐出火苗，仙光闪动……

朋友有了购买的冲动，问翻译："这盏青瓷油灯多少钱?"

翻译说："1000 元人民币。"

朋友听了，心里颤了一下，国内 1000 元就可能买到一套高档的景瓷餐具！这么一想，他便把青瓷油灯放回原处。临走时，他安慰自己，韩国的青瓷到处皆是，还愁买不到便宜的?

带着对前路的憧憬，他上车了。然而，现实却跟他开了一个玩笑，出了庆州，他走遍了所有青瓷商店，除了一些茶杯、花瓶之类的，再也没有发现青瓷油灯。他疯狂地想念那款油灯，懊恼和怨恨如潮水般漫天而来，他觉得青瓷油灯是这世界上最好的，是独一无二的，甚至那本不存在的一点灯火，在他心里也成为人世间最美的火光。

无尽的追忆始于青瓷油灯脱手的那一刻，在长久的惦念之中，那盏失之交臂的青瓷油灯，登峰造极，成了他心中高山仰止的神圣之物。

朋友讲起韩国之旅，总会无限伤感地哀叹："唉，我真后悔，没有把它买下来，那可是世界上最好的呀！现在，它总在我的心头盈着火光。"

听到这句话，我顺其义而行，陷入沉思。

那一盏青瓷油灯，握在手，以为不及一套景瓷餐具，弃之不惜。在青瓷油灯远去之后，心中逐渐明晰，如添薪的篝火越照越明。此情已逝成追忆。在日复一日的回想之中，弃劣存优，时间将其打磨得光洁照人，神采飞扬。这是一种深刻的生命体验，颇有情殇的祭奠意味。青瓷油灯的"最好"是在追忆中得出的，真正的赠予者是时间。

如果真的买了这盏青瓷油灯，它还能拥有如此美誉，如此牵动一个异国游客的心吗？结局肯定很惨，或者摆在柜子里，从不正眼打量一回，或者暗藏于箱，落满灰尘。没有时间去追忆，何来深刻的生命体验，"最好"一说更无从谈起。

人生处处藏玄机。"最好"如山障眼，此时的青瓷，彼时的油灯，在有与无之间，在念与不念的两边，水分泾渭，地成南北，看重了，高上天，忽略了，沉入海。沉沉浮浮，爱爱恨恨，一隔两重天。

人生时时在失去，凡心悟，"最好"永远留在不可及的历史烟尘之中，慧心觉，眼前的一点一滴最为珍惜。失去的未必真可贵，眼前的不珍惜，同样会失去。与其让眼前的失去，造就一个新的"最好"，不如珍守眼前，展望未来。沉在过去之中念"最好"，岂能比立足今天创"更好"？时间是人生玄机的总开关，启启合合，"最好"与"更好"你方唱罢我登场，心与心的凡与慧，爱与不爱的升与沉，尽现沧桑人世。

青瓷油灯是不会冒火苗的，在朋友心中闪烁的只是虚幻之光，因为虚幻，总有一天会熄灭的。到那时，它就从一个神物还原成凡物，质本洁来还洁去，不沾仙气不染俗气，保持一颗不偏不倚的心。

还是放弃苦心维系的那个“最好”吧，因为这盏青瓷油灯已送给你一颗慧觉的心。

冰上行船

去年初春，与朋友A君在广州街头恣意疯狂，留下串串快乐的履痕。临分别，A君神秘兮兮地问我："你想隐身吗，我带你去见一种隐身草？"我当然乐极，长这么大，除了在童话里，还从来没见识过隐身术呢？他说："这种草只有青岛才有，明年的这个时候，咱们相约去青岛隐身，好吗？"我毫不犹豫地点头答应，与他双手紧握："明年青岛见！"

还清晰地记得，A君在广州东站向我挥帽告别，风中传来他浸满向往与憧憬的一句话："明年青岛见——"我在心里默念：今日与君欢聚广州，相约明年今日畅游青岛，人生胜景啊。

临近约定的时候了，我一个人逍遥自在，坐在火车前往厦门，旅游散心，对于过去的诺言，早已淡若晨星，依稀莫辨。坐火车上，我收到A君发来的手机短信："我已坐上飞往青岛的班机！"蓦地，我记起了广州的誓约，那是我和A君的一个快乐约定。而我正失信地赶往厦门，把寻找隐身草生生忘在脑后。

心烦，致命的心烦，由里到外，把我填得满盈如风。对好友爽约，自食己言……转念一想，既然出来了，那就不管那么多，自顾自地玩个高兴吧！便看轻了失信，淡定如禅。也许，每一个失信的人都有这么一个轨迹，由愧而悔，由悔而烦，由烦而不烦，直至风轻云淡，平安无事。

信与诚，经过这么一个过程，就成了可有可无的摆设。

车窗外，田野里菊黄的油菜花飘来阵阵舒心爽意的馨香，翻开随身携带的一本《外国美文欣赏》，读到苏联作家巴甫连科的一篇短文，心惊不已。

在一次各党派流放者的秘密会议上，主讲人没有准点到场，大家等了很久，他还没来。有人建议等等他，并一再解释："如果他说过'我要来'——那他就一定会来!"而反对派则主张绕开他，强行召开会议。

那人怎么没及时赶来呢？原因很简单，天气实在恶劣。在这荒寒的西伯利亚，因为春来早，山南光秃秃的斜坡上的积雪被太阳晒软了，乘狗拉雪橇已是不可能的。河里的冰变薄了，滑雪而来，十分危险。驾船逆水而上，又为时尚早，满河的冰块能把船只挤坏。

正当双方僵持不下的时候，流放者们看见冰面上缓缓"爬"上来一条船，而主讲人嘴里衔着烟斗，用安详的动作，不慌不忙地用长杆推开流向船头的冰块。小船没有帆，没有摩托，只有几只狗在岸上拖着船前行。这是西伯利亚史无前例的天才创意，多少代人也不敢这样尝试着用狗去拉船。

主讲人向众人致歉："请原谅我不得已迟到了。这对我是一种新的交通工具，有点不好掌握时间。"

支持他的人再一次重申："我说过他会来的，如果他说过'我要来'——那他就一定会来，这不，他来了!"

看完了这则短文，我被冰上行船的大胆举动深深地折服，并对自己轻易食言的行为感到羞惭。这是一次冒着生命危险去尝试的试验，目的就是为了自己曾说过的那句"我要来"。一句话，对他来说，已是用生命去捍卫，用才智去实践。世上还有什么比这更壮美，更有力量的呢？

我们常说："一言既出，驷马难追。"而实际上，一句说过的话往往成了一瓢泼出去的水，于变幻莫测的现世，不见了。于是，眼不见为净，信与诺就这样被我们给吞食了。就像我那句“明年青岛见”，一次完全可以掉转头的私人旅游，就把它给弄成了灰。我真的为自己感到羞愧。在这一羞一愧之中，我的心得到西伯利亚河冰的洗涤和净化，明白一句话自有其沉重之处。

一下火车，我直奔机场，购买了一张飞往青岛的机票。我要赶在A君入住酒店之前，与他握手，共道一声：“我们真的在青岛见面了!”

我们说过的每一句话，都具有千钧重的特质，它承载着关乎人生和谐的诚与信。既然你说出了一句话，便要有冰上行船的勇气、胆识和智慧，去实践它，呵护它，从而做到“言必行，行必果”。

每一句话，都有它沉甸甸的分量，而我们信守的姿态，会让这种分量化作无可比拟的力量。

简单最美

在英国议会大厦东面有一座高 85 米的哥特式建筑，在其楼顶放置了一座巨大的钟，这便是泰晤士河畔举世闻名的大本钟楼。

钟的设计者名叫本杰明，当年，议员们为钟的取名争论得不可开交，没有一个名字能取得多数人的认同。后来，一议员随口说了一句："钟是本杰明设计的，就叫大本钟吧！"闻听此言，不少人嘲笑道："这是一座严肃的钟楼，日后将是我们的标志建筑，命名怎么能如此草率？就是给自家花园取名也不至于这么简单吧？"

然而，正是这么一个不经大脑，脱口而出的简单名字，伴随着这座著名的建筑走过了百年的风雨。大本钟的简单，不仅体现在它的名字上，还表现在调时上。当时，世界一流的瑞士钟表制造商对这种超大型巨钟的准确走时，也没有完全的把握，故而个个退避三舍。英国人本杰明大胆承接下了这项工程。他解决走时不准的方法极为简单，就是在钟摆上放置或取下一枚旧便士。庞大的机械，复杂的系统，一枚小小的旧便士，居然起到了"四两拨千斤"的作用。简单，让调时变得易如反掌。而以其准时，大本钟蜚声全世界。

在电视上看到大本钟因其简单而神奇而闻名天下的时候，我不由自主地轻声说了一句："最美不过简单二字！"

不错的，简约为至美。大自然的线条，古老而鲜活的禅语，质朴的人际关系等，无不因其简，而美，而舒心快意，幸福绵长。删繁就简，生活会更轻松一些；一切从简，活在世上就会更和谐一点，心安无忧。

如果你感到为某些人和事繁杂和烦闷，就听听大本钟的钟声，想想大本钟的来历吧！

——简单就是这么不经意间改变你和我，改变我们这个世界。

最高境界

她是一位以编织闻名全国的女性。

早先在烟厂上班，她因工作认真，不断进取，20 世纪 90 年代初就担任了车间主任。烟厂效益极好，何况她已是“一方诸侯”，年薪比大学教授还高。

偏偏她迷恋打毛衣，从小就喜欢。编织毛衣是很多女人都有的个人爱好，而她是爱到极致。一个偶然的机会，她将自己的编织作品寄给《中国编织》杂志社主办的全国编织大赛，荣获一等奖。当时，央视《东方时空》现场直播了颁奖盛况，她迅速名播四方。

那一刻，她找到了人生的契合点——编织艺术。

回到烟厂上班，她总感觉自己是在浪费光阴，开会也好，工作也好，都寡淡如水，觉得有这些时间，可以多打几针毛衣呢。在她，时间成了几行针的注释，或者，几针就等同于几秒吧。

这无疑是一个人将自己的兴趣爱好推向极致的表现，是为“一览众山小”的最高境界。人到了最高境界，事事顺利就不难理解了。

后来，她以自己的名字开创了中国第一编织品牌：君红毛衣。那些美丽的时尚手工编织品，畅销京沪杭等时尚之都，成为时髦男女热捧的焦点。以此为契机，她执着坚守自己的爱好，并以自己独特的编织艺术，走上世界妇女大会的讲坛，走进了世界吉尼斯纪录……

她就是南昌著名编织艺术家、实业家龚君红女士。

做好一件事，其最高境界就是倾其所有时间而为之，就像龚君红那样上班仍惦记着自己的编织针，就像陈景润走路因思考数学而撞树，就像居里夫人废寝忘食……人生最高境界，并不难攀登，只要以时间为阶，一步一步，终能达到。爱一个人并不难，只要你给予尽量多的时间陪他(她)，时间付出越多，就越接近爱的最高境界。

平时，我们总说：时间就能证明一切。的确，时间是推动境界至最高的唯一动力，是最高境界的孪生兄弟。

因为，时间与生命等同。

良言如花

前不久，坐火车出游，忽闻车厢广播里传来温柔的女声："各位旅客请注意，我们工作人员将查验车票去向，请您配合，谢谢。"查车票去向？不就是查逃票吗？换一种说法，让人听上去，就是舒服，如喝了滴入蜜汁的冷开水一般。

曾经无数次，一帮乘务员嚷嚷着"查票了！查票了!"很生硬地查验每一个乘客的车票，连在厕所的乘客也一个都不放过。而此次，一语吹出文明优雅之风来。其实，并不是每一个没买票的乘客，都存在逃票的故意，他们也许时间紧，没来得及买，或许票已售罄，但事务压身，不得不碰碰运气，先上车后补票。就算有个别初次逃票者，补上，叫他买个教训，也没必要搞得像警察抓小偷似的。

我深深地记住了这句"查验车票去向"，记住了言者的高雅姿态、宽广胸怀和一种信任尊重每一名乘客的气度。

俗话说："良言三冬暖，恶语六月寒。"不是每一个人都有这种姿态、胸襟和气度的。据媒体报道，沈阳某高校在校门口赫然立起一块木牌，上面冷冷地写道："民工不得入内!"典型的歧视，伤人自尊啊。这条打击一大片的标语，将给民工兄弟带来多大的心理打击啊！事后，有学生提议，才把这一标志给改了过来："非本区人员不得入内。"

口吐莲花，说者优雅温柔，听者舒心惬意；满嘴放箭，言者凶神恶煞，闻者羞惭激愤。一句话，二重天啊。

在我的老家，有一句影响广泛的俚语：“一句话说得人笑，一句话说得人跳。”说话是一门艺术，表达同一个意思，一语让人微笑如花，一语让人暴跳如雷。语言与人的情感、情绪紧密相连，人总喜欢在他人言语里树立自己的情感坐标系，或者用别人的说辞营造自己的情绪堡垒。良言让人的情感坐标点落在自信、力量等区域，恶语产生的情绪则足以毁掉一座看似坚不可摧的堡垒。

有人说，医生的良言胜过良药。一个朋友的父亲身患癌症，来省城一家医院治病的时候，主治医生对他说：“老爷子，你有福啊。来我这儿看病的人大都检查出癌症，你只不过是良性肿瘤而已。做完手术，回去多吃点新鲜蔬菜就好了。”手术做完后回到家，朋友的父亲乐呵呵的，谁都看不出他曾是一个癌症患者。每每提到父亲，我的这位朋友总会感叹：“医生的良言胜过药啊。你不知道那个黄医师，治好的癌症患者最多，因为他对每个病人都是这么说的。”对此，我深信不疑。

人美话亦美。说好话，还得从人的内在美练起，把自己锻造成一个精神高雅的人，一个心灵质朴的人，一个爱己及人的人，一个具有悲天悯人气质的人。如此一来，说出来的话，才会美丽如花。

愿我们生存的这个世界，良言如花处处绽放。因为，良言是社会和谐的推进剂，是文明进步的阶梯。

飞起来的智慧

有一家大型洗涤用品公司，生产的香皂十分畅销。但是，一次意外的“空壳事件”让公司面临危机。

事情是这样的，一位顾客在商场购买了这家公司生产的香皂后，回家打开一看，却发现里面什么也没有，只是一只空壳。顾客以高价卖空香皂盒为由，把商场告上了法院。这么一折腾，这家公司声誉扫地，处境凶险。

公司总裁组织全体员工把所有包装好的产品，拆开检查，发现空壳率为千分之一。为了避免香皂没装入盒的事件再度发生，公司花费数十万美元购置了一台 X 光机，用医学上的透视技术，检查成品，以保证成品全部为实。

从此，“空壳”才画上了圆满的句号。

同城的另一家小型洗涤用品公司也生产香皂，限于当时的技术条件，同样存在空壳的问题。由于公司规模小，资金有限，购买 X 光机是不可能的了。董事长号召全体员工想办法，共渡难关，然而，没有一个人提出了行之有效的方策。

董事长甚是苦恼，一个人走到郊外散心，此时秋意正浓，秋风从山谷袭来，把落叶卷下山，吹到另一个山谷。那一刻，董事长的思绪和秋风一起飞扬，渐渐地飞出一个奇妙的点子。

回到公司，董事长让人买了一台大功率电扇，所有装入盒内的成品香皂一律经过电扇风吹，空壳的自然被吹出流水线，不空的进入最后一道包装工序。

这位董事长想得巧，做得当然就绝了。细细想一想，这与 X 光机相比，是多么简单啊！

身为万物之灵的人类，无疑亦为大自然的一分子，然而，很多人一工作起来就把自然的韵律和生命的节奏，统统抛开，用咖啡调制紧张，用激情制造工作逻辑、目标计划、决策方案……不知不觉就走进了人为的胡同，找不到成功的出口。

出现了难题便想到了各种数据、指标、技术和设备，碰到烦恼，就是上网查资料，电话问朋友，偏偏忘记到大自然中去走走。

现代人啊，自然工作、轻松工作、巧妙工作，已是大势所趋，因为自然了，当然就会轻松，轻松了，自然会巧妙。

人一旦自然一点，放松一些，智慧便会像童话中的安琪儿一样，在思维的天堂飞来飞去。

左边看·右边看

朋友打电话来，诉说他的烦恼：我老婆天天在我耳边说东说西，不得消停，像一只聒噪乌鸦，烦死人了。我多想让耳根清净一会儿啊！

我劝他，若是那样，你何不离开她几天，一个人到外面去走走。独处也是一种美啊。在恬谧的氛围中，心灵可以得到了彻底的放松。

他说，哪儿离得开了，公司里的事那么多。

是啊，他在广州开了一家制衣公司，夫妻二人店，大事小情，哪样不得去亲自去操办？小两口有商有量，共同打拼未来，忙着呢。那是一个谁也离不了谁的世界。朋友哪儿去觅一个人的安宁世界？

也难怪他会有这样的感叹："我和我老婆就像捆在一根绳上的两只蚂蚱，谁也离不了谁。"

既然这样，要想清静一会，还真是不易。女人嘛，天生是能说会道的。

而我，与朋友不一样，此时，我的妻子随同单位的同事到港澳旅游去了，家里只有我一个人，偌大的房子，安静极了。这样的生活，我过了两天，就觉得极为乏味，热切地盼望妻子早点回家，哪怕是听听她的唠叨，或者，和她吵吵架也都比这样舒服啊。

我把我的近况说与朋友听，他异常兴奋，大叫起来："你太幸福了，我羡慕死了！”

而我，也像他那样，羡慕起他们夫妇俩的长相守。

同样的日子，不一样的人看来，就是两种不同的活法。我们的俗世生活，看上去都有其两面性，幸与不幸，就在左右两边，关键是你从哪个角度去看。从左边看上去，看到的悲，往右边打量，它却是喜。

由此，我想起那块巨大影壁上的寥寥数字。那是我在市郊一处古村风景区看到的，初看时，没弄明白意思，现在才知道，那是生活的至理。那字排成四列：

想	想	天	天
想	想	天	天
通	不	过	难
	通		过

从左到右，一步步显示的是消极，由顺境转入逆境，烦闷始生；由右往左，看到的是积极人生，像是刚从坎坷里转入坦途，那是幸福的佳境啊。

早先，不少人这么唱生活：生活是一团麻，那里有解不开的小疙瘩。之所以会是这样一各种景象，那是因为，对待生活，应该从右边开始的时候，却是疑疑惑惑地从左边进入，不由得心就乱了，生活也麻了。原本是气象万千的美满生活，刹那间，悲观像天幕一样，罩下来，黑漆漆的，见不到光亮。这就像我和我朋友一样，守着各自的好日子，却过得不快乐，而是艳羡对方的生活。

不管生活有多难，多苦，只要心里藏着阳光，幸福和快乐就会在不远处向你招手，不信，你从右边看看：天天难过，天天过；想想不通，想想通。难过的日子，一天天过了，难也就不难了，想不通的东西，再想一想，也就通了，世上哪还有什么不通之理？

从右看生活，你是不是有了一种新的力量，一种坚韧、乐观且豁达的精神？

沉默不是拒绝

一位画家想通过一家名为艺林的画廊举办一次个人画展，为自己的创作做一次小结。并借此机会推销自己，提高自己的知名度。

画家找到负责艺林画廊的王女士，拿出自己的作品目录和部分作品的影印件给她审阅。王女士翻看的时候，频频点头，好像很满意。画家心头一热，感觉这事十有八九能成。

王女士把东西还给画家后，不无遗憾地说：“您的画作过于高雅，与我们的画廊风格不大一致，不过，我们可以再考虑一下，你回去等消息吧！”画家解释了一番，无奈地走了。

画家没有等到王女士的任何消息，忍不住打电话去问，她还是那句话：“你耐心地等一等！”等了一年，画家空守无望，王女士像在地球上蒸发掉了一样。他再次登门找她的时候，画廊的工作人员告诉他，王女士已离开了这里，去南方创业了。

画家准备好了所有材料，又一次递给了艺林画廊。这回是一位姓彭的先生接待了他，彭先生对画家的画作很赞赏，允诺道：“有消息我会尽快通知你。”

画家只好回家等通知，可等了一年连通知的影子也没见到。他实在耐不住，找上门来，向彭先生咨询。

彭先生说："实在对不起，让你久等了，由于画廊内部的原因，业务暂时无法开展。很抱歉，你只有再等。"

在等待画展开展的日子里，画家在沉默和寂寞的陪伴下，耐性日臻完美，画技也突飞猛进。

由于画廊的生意不景气，艺林被一家更大的展览中心吞并了。他的画展又搁浅了。画家得知此消息，大为不悦，但他并没有泄气，依然物我两忘地作画。画家做事有头有尾，写信给那家展览中心，打听自己画展的情况。该中心的官员挺客气地回了信，并约定在某天见面。

时间来到，画家接到电话，说是领导忙，约见取消，希望能等一段时间。画家只有再等。寒暑易节，画家只等来或冷或热的风，不禁心一横，置之不理。

万般无奈，画家准备放弃画展计划，这个时候，接到一个电话，是王女士打来的。她告诉画家，她在南方××画廊，希望画家支持一下，举办一次个人画展。××画廊是画家心中的圣地。在那儿办画展是实力展示，更是画家的荣誉。

手续很快办妥，迟到近5年的画展终于开展了。画展引来好评如潮，画家一举成名，成了实力派画家。

沉默是一种考验，而不是拒绝。

当一个人在事业、爱情、生活上遭遇沉默的时候，绝望地放弃是愚蠢，观望净等是痴傻，唯有积极地创造，才是最佳的回应。沉默中的爆发是无声的威力，热闹中的成功有不可言破的轻飘。由此可见，沉默具有沉甸甸的分量。

两根沉木条

一位游客为了领略山间的野趣，一个人来到一片陌生的山林，左转右转迷失了方向。正当他一筹莫展的时候，迎面走来一个挑山货的美丽少女。

少女嫣然一笑，问道："先生是从景点那边走迷失的吧。请跟我来吧，我带你抄小路往山下赶，那里有旅游公司的汽车等着你们。"

游客像是遇见转世观音，高兴得连一句完整的话都说不出，嘴里只是一个接一个地蹦出"好"字来。少女看到他这副模样，笑得更灿烂了。

游客随着少女穿越丛林，阳光在林间映出千万道漂亮的光柱，晶莹的水汽在光柱里飘飘忽忽，十分壮观。游客心想，有美女陪伴，有美景欣赏，不虚此行啊！正这么想着少女开口说话了，她说："先生，前面一点就是我们这儿的'鬼谷'，是这片山林中最危险的地方，一不小心就会掉进万丈深渊的峡谷。"

游客说："姑娘，既然你挑这么沉的担子能走，那我肯定不会出什么问题。"

少女停下来，认真地对游客说："我们这儿的规矩是路过此地，一定要挑点或者扛点什么东西。"

游客惊问："这么危险的地方，再负重前行，那不是更危险吗？"

少女笑了，解释说："既然你觉得更危险了，就会更加集中精力，那样反而会更安全。灾难往往发生在没有压力的游客身上。这儿发生过好几起坠谷事件，都是迷路的游客在毫无压力的情况下，一不小心掉下去的。而我们每天都担东西来来去去，从来就没人出事。"听了这话，游客接过少女递过来的两根沉沉的木条，扛在肩上，轻轻松松地走过"鬼谷"。

有一句俗语是这样说的："最危险的地方最安全。"游客在扛上沉木条之后，把自己推向了最危险的境地，全身心地投入，所以化险为夷，成功地闯过鬼谷。

与此相类似的是香港启德机场，它就位于市中心，飞机掠过深水陟、九龙等闹市的时候，乘客都能清楚地看见住家阳台上晒的衣服。就是这么一个被称作"世界上最危险的机场"的机场，数十年直至关闭都没有出现过大灾难，探究其中的原因，我们不难发现，正是因为危险，所以全世界的机师、飞行员都小心翼翼，不容许自己出一点差错。香港的启德机场因此才成为世界上最安全的机场之一。

危险固然可怕，但比危险更可怕的是人的麻痹大意。危险不一定制造灾难，但人的疏忽往往是灾难的渊薮。这正是压力效应，推而广之，人生中的许多时候，我们是不是也该在自己的肩上压上两根"沉木条"，从而唤醒斗志和韧性？

快

有一个笑话说，一个老外到中国后，走在大街小巷总能见到“早点”二字，他觉得不可思议：“干吗非得早点，只要我不迟到，晚一点不行吗？我现在已经走得够快的了，怎么还到处有人像催命鬼似的催我？”笑话一笑而过，“早点”却不是那么容易消逝的，它正以“快”的风姿，席卷而来。

我家订了一份晚报，每天早上 8 点，投递员就准时把报塞进我的信箱里。研究者称其为“晚报早出”现象。今天是 3 月 2 日，而我手头上已有一大堆 4 月号的杂志，莫非是“未来时空”对地球人的馈赠？错！是杂志社快马加鞭，让杂志提前一月上市。疑疑惑惑地问在杂志社上班的朋友，这些期刊人众口一词：“这样好卖，卖两个月也不过期！”

报刊如此，其他方面莫不如是。全国铁路接连五六次提速，让人坐上去有风驰电掣之感，数千公里“朝发夕至”，或“夕发朝至”。留学海外，曾一度是本科生毕业后攻读硕士、博士的代名词，现如今不同了，要快，留学趁早好处多多，所以就有中学生留洋，甚至幼儿园的孩子丢手绢的游戏还没完，家长就通过跨国邮寄，把子女送到美国、英国去念书。

张爱玲曾说了一句引起无数人共鸣的话：“出名要趁早。”现在，不仅出名这事要快，事事都得快点，再快一点，快得人头昏目眩，快得人不知所以，快得人只认快只为快。

大学生上课不用听讲，考前一周快速复习“重点”，照样及格；农民嫌捡粪沤粪太慢太麻烦，把化肥往田地里一撒多快捷呀，管他土地板不板结；官员嫌政绩起得太慢，大笔一挥推倒民房，修大广场、宽马路以及白宫草坪式的现代绿茵场，至于怎么补偿拆迁，怎么还掉贷款，统统不管，只图快；GDP 上升缓慢，那可不行，影响政绩，于是全民招商，教师招商，医生招商，工勤人员也有任务，招到提拔，没招到贬职。招进篮子的都是好菜，什么高耗能，低产出，污染重，附加值、科技含量低，统统不在乎。只要快速提高 GDP，苍蝇都是一只好鸟！君不见，开发区大量侵占农田，工厂圈地竖烟囱，污水横流烟尘蒙蔽，为啥，图快图得呗。

吃饭也要图快。用开水一兑，就是一碗香喷喷的面，而且还很劲道。外卖送来白色发泡盒装来的饭菜，名字就叫快餐。洋快餐在中国开了一家又一家，火得很，据说有一家一年就要赚走中国 20 个亿。种种方便速食，都有共同的特点，不耗时，不油手，当然，也没多少营养！有识之士一而再再而三地宣传，垃圾食品多食无益，温言相劝，拉不住“快餐”前进的脚步。人的胃已习惯了快，端来文火煨的汤，嫌太慢，也太烫。

人与人之间的联系也登上“高速列车”。拨通手机，你就是远在天涯海角也能把你找着。一家手机运营商无处不喊：“我能！”为什么呢，它快捷便利呗。我快，当然我能。电子邮件风靡一阵子，更快的即时通信软件 MSN、QQ 一出现，便引领新潮流。若问一声，你现在还能收到书信吗？你保准惊诧不已：“什么年代，还写信？有手机短信不就够了？”电子邮件方便，短信快，书信就淘汰。机器滴滴声，取代了翘首盼信，取代了散发着温馨的字迹。

谈婚论嫁古有 18 仪式，现如今那些繁文缛节太碍手了，婚恋也流行快。电视速配，6 人晚餐，甚至出现了“8 分钟约会”。两个小时荧屏上眉来眼去，一个钟头饭桌上谈情说爱，8 分钟包厢里私订终身……真够快的，快得吓人。猛火爆炒爱情，岂有不快之理？仔细想想，快则快矣，后患萌生：一夜情泛滥，婚外恋丛生，性病连同心病一起爆发。

更让人揪心的是，快，不声不响地侵入了人的精神领域。

电视里，无厘头搞笑剧泡沫翻飞，就算是品了一回百味人生。电影院里，掺入高科技的言情武打，刀光剑影，情意绵绵，就是深刻。书桌上，一杯“奶酪”（［美］斯宾塞·约翰逊《谁动了我的奶酪》）、几碗“鸡汤”（所谓的“心灵鸡汤”式的哲理美文）和几米漫画（读图时代所谓的经典漫画），构成一幅长盛不衰的阅读图景。如此这般的“精神大餐”，美则美矣，快则快矣，但是，怎能引人进行深层的人生思考，探寻历史命运，拷问终极意义？

作家们快手吃香，一月一部 40 万字的小说，已不是什么稀罕事，20 岁不到就已著作等身，也已不少；演员有快速成名的捷径，一脱成名，或以“先上床再上戏”之途，入正道；歌星要出名，先重金打造“经典 MTV”，不想火都不可能，十年的基本功不用练了，只需十天搞 MTV……与人的灵魂最接近的人们，居然也从速求名贪利，变化之快，让人眼花缭乱啊。

想起陶渊明“采菊东篱下，悠然见南山”，多慢啊，慢得人心醉；想起李清照感叹“云中谁寄锦书来，雁字回时，月满西楼”，苦等之中，真情乃见；想起曹雪芹“披阅十载，增删五次”，慢工才出细活啊。人生风景都在漫步中欣赏，生命的美丽都已悄然融入缓慢的变化之中，人们啊，为什么要失去自我，奔跑如飞呢？

“你慢些走喂慢些走哎——”马玉涛这首曾红极一时的歌不应只是唱给马听的。人啊，有时还是慢一点好。

遭遇感动

感动是一缕温和的春风，柔柔软软，能吹化冬日的坚冰；感动是一丝甜美的微笑，平平淡淡，能给人生添加难以释怀的记忆。我是一个很容易感动的人，多愁善感，常常闻风伤怀，也常常看花独语。也许，是许许多多的人生际遇，让我不得不为之感动。那是人世间美好的情愫给予我的馈赠。

高考前夕，我在家休整，洪水不合时宜地将我们的村庄围困起来，面对日日进逼的大水，我倍感无助。那天，父亲不急不躁，替我背包，撑竹排把我送出水窝，然后，逢水便牵着我，蹚水而过。父亲那双大手，成了“水路”里的航标，让我安然前行。

登上通往县城的班车，心事重重的父亲一副若无其事的样子，他说：“能考上（大学）当然好，考不上也没事，不必太在意。”临别，父亲从手腕上取下那块伴他几十个春秋的上海钻石表，从车窗里递给我。

父亲说：“拿着，考场上用得上。”接过手表，我莫名地愣住了，有一种震颤在身体里留驻。远望父亲渐渐变小的身影，我没有流泪，但我注定一生要为此默默流泪，默默感动。亲情像林间的晨露一点一滴地洒下，让人不知不觉，而感动只是在别离时爆发。

远离故土在异地求学，我的心里总有深深的牵挂。每次父亲送别一程又一程，心便暖了一回又一回。感动父亲细微的关怀，感动父亲母亲难舍难分的离情。

我报名参加北京鲁迅文学院的函授学习，父亲欢欢喜喜没有一丝反对。我的文章在校刊登载，父亲开开心心，下田种地总有使不完的劲。

临近毕业，家里拮据日益显现，我的用度愁煞父母。偏偏灾祸又降临在我们头上，身体一直强健的父亲在一个冷寂的春夜突然西去。我似乎掉进暗淡无光的黑洞里，不知来路，不明去向，浑浑噩噩，懵懵懂懂。失去至爱的伤痛给我的打击是毁灭性的。

我母校的师生并没有置若罔闻，对我置之不理。老师们关切地问候，同学们入微地帮助，让我远离悲伤，远离悲观。他们背着我举办大型募捐活动，为我缓解燃眉之急。那笔钱并不多，那份情却格外沉重。它让我领略友情的凝重和珍贵。

感动已不是言语能表达，泪水能写就的。它是一种永久的心情，一份人生的馈赠。感动是一种过程，这个过程中，我体会到人间真情，感悟到美与爱心的演进程序。

我与北京鲁迅文学院素昧平生，仅仅是它几万分之一的学员而已。他们没有将我淡化处理，束之高阁。先是我的求援文章《不想说告别》登在院刊《文泽》上，然后普及部主任王彬老师（现为鲁迅文学院副院长）寄来亲笔信，表示愿意免费让我继续学习。

这一年，我毕业了，在南昌工作；这一年，我苦读苦写，在《文泽》发表数篇短章，荣获当年“全国优秀学员”称号。感动，为遥远的陌生的师友。这感动有大漠的雄浑，有大海的辽阔，有天空的高远，也有心灵的律动。

远方的感动还有一份弥足珍贵，那是黑龙江省绥棱县一名叫王敏的已过而立之年的农妇带来的。王敏看过《不想说告别》心存感慨，给我写了一封劝慰信。这信被母校的师弟师妹收到，七弯八拐才转到我单位上，来信朴实感人，情真意切。王敏只读过六年书，认了三年字典后，便提笔开始创作，当年就获鲁迅文学院举办的全国文学大赛三等奖。她一把辛酸一把泪，苦苦追求自己的理想，生活清苦，却活得有滋有味有意义。王敏劝导我："人生只要有精神和理想，什么也难不倒我们。让我们一同追求吧！"

远方，对我关怀和期望的还有如斯之人，别说善感的我，即使冷漠如霜的人也会为之激动不已，感慨万千的。同样一位已是而立之年的同城知识女性张智梅，对我又是一番激励和帮助。她是我们主管单位的领导，不常见面，但常通话。她说"大话"，教我莫消沉，扎实工作，勤奋学习，也拉家常，教我保养身体，甚至做饭、洗被……当面是官，背后她如不倦的母亲，心慈的长者。

离家经年，母亲难见上一面。远在黑龙江的王敏和近居一城的张智梅常常在梦中相见。哦，让我恒久地保持这颗容易感动的心吧，人世的美好，亲情友情的温柔相伴，是这颗心永恒的动力。生命的旅程伴随感动而前进，心灵便会拥有嫩绿鹅黄，姹紫嫣红。

淬火主义

父亲曾不止一次对我说过："做事光有几斤蛮力气有什么用?"他的理论是，一般的人力气再大，也大不过打铁的，可是抡铁锤的铁匠，光有力气是不够的，要打出好铁具来，淬火才是关键。

父亲说："做人做事，就要像淬火那样，四两拨千斤。要做到这境界，就是心里要有数。"

我看过淬火，有点变魔术的意味。老家村口有间铁匠铺，小时候，没事总会溜到那儿去看热闹。炉火烧得旺旺的，三根粗大木支架撑起一块硕大的铁砧，两个师傅，一个左手执铁钳夹住烧红的熟铁，右手用小锤锻打，另一个双手紧握大铁锤，应着小锤节奏，重重地锤打。两人一前一后，一重一轻，配合得极为默契。然后，握小锤的师傅，停下，把经过锻打的铁具放进水桶里，吱啦一声，升腾起来的烟雾将人罩在里面。只见他在水里伸伸缩缩，像是在逗手上的铁具玩，玩腻了，倏地从水桶里柚出来，吹口气，瞄上一眼，便扔到地上。

每每看到这儿，我便想起父亲那番话来：光有力气是没用的，还要心里有数。老师傅淬火，无他，心中有数而已。

后来，查资料才知道，淬火是一门精深的学问。淬火的时间，要依钢铁的材质而定，有些材质得长时间浸在水里，有的材质要在水里伸伸缩缩。另外，用来淬火的水温也有不同的要求，有的要用低温井水，有的要用温水或者滚沸水。淬火没掌握好，铁具就可能因太硬而崩断，或太软够不着力度，后患无穷。获知这些繁杂琐碎的知识后，才真正地明白那句看似浅浅，实则深奥的道理：做事，光用力气是不够的。

几十年过去了，淬火的场景总会不经意间闪现，而父亲的话总是很灵验地说到我的软处。很多时候，我只是在用力气做事，而不经过大脑，心里没数，乱耍一气。

前不久，帮一家广告公司写一份商业街销售（招商）广告文案，洋洋洒洒数千言，几经修改，最后勉强通过，但是广告主还需要一句经典的话来压轴。我怎么也想不出，签约泡汤了。后来，别家公司接手，先给出八个字“财聚英雄，富泽天下”，人家立马签合同。我只懂得像老黄牛那样闷着头写呀写，关键时刻，迷失方向。

低头做事，而不经心，也许会成一时之勇，但终究难成英雄。大到国家，小到个人，莫不如是。中国的电视机产量和销量均排名世界第一，但是核心技术被国外企业垄断，每卖一台都得为进口机芯付出高昂费用。只是近两年，“中国芯”渐渐浮出水面，终于不只是用“蛮力”搞生产，关注到了“淬火”。

商务部长在解释中欧贸易问题的时候，有一句话说得很让国人倍感沉重，中国卖出几十亿双鞋子，不如欧洲空客公司卖一架飞机。沉重的现实还有很多：电脑卖得火，芯片是国外的；汽车卖得好，发动机是别人的；空调、冰箱产量高，压缩机是进口的……

曾看过一则故事，一家工厂设计图纸出来后，迟迟开不了工，请来高手把脉，但人家要求 1000 万元酬金。而赚取这 1000 万元，高手只是在原有的图纸上画了一条线。这是典型的“淬火主义”，核心自有核心的价值。

打蛇打七寸，说话说到点子上，淬火主义无处不在。之所以，我们忽视它的存在，只因我们图省事，干些力气活，算了。而省下思考的时间，必将付出双倍的应对麻烦的代价。就像淬火不成，另起炉灶，难度更大。

凭蛮力做事，多少是粗了一些，难成气候，也难成才。信奉淬火主义的人，精细地思想，仔细地打造，做到心里有数，自然会取得人生的核心价值。

一墙的自信

那是一面石灰粉饰的砖墙，早已被贴得花花绿绿，泛黄的石灰已难觅踪迹了。层层叠叠，尽是既黄又脆的纸，纸上画满了各时的风物，或鲜亮，或暗淡，或稚嫩，或成熟，内容不一，画风一韵。当我推开门，看到这满墙壮观的画作，心里着实大吃一惊，暗自猜忖：在这个城中村的极不起眼的民居里，是谁贴上去如许画品呢?

我的心情和生活已够麻乱的了，懒得理会一墙乱七八糟的画作。曾经，我住在报社附近一高档住宅小区内，尽管也是租的房子，但生活是体面的，离办公室也只是一街之隔，方便极了。但是，网络对报纸冲击太大，日渐显露败落之相的报社，将我们这批聘用记者率先给辞退了。

之后，我告别自己的新闻生涯，在大公司干过文秘，在广告公司做过方案，甚至在洗车行为有钱的私家车主清洗汽车。最近一次，我被鲜花店炒了鱿鱼——漂亮的花店女老板嫌我搬运不麻利没力气，不得已，只好换房子，把家搬到这个城中村的小屋来。

我觉得自己成了百无一用的文弱书生，而仅仅半年前，还是一个风风光光的记者呢。

在这个满墙贴了画的小屋子里住了一个月，我应聘了十几次，同时，也失败了十几回，自信，就在我这屡败屡应，屡应屡败的过程中，一点点地丢没了。我甚至觉得没有生存下去的勇气，或必要。

关上门，我打开那个带 MP3 功能的当年采访用的录音笔，戴上耳机，闭目聆听《神秘园》，绝望从旋律中，悠悠地爬上心头。

睁眼时，情绪已跌落至谷底，看满墙五颜六色的画，好像无声的黑白影片。头一回，凑近看，我看见一幅画的右下角印着“冷凉”二字。也许这是一个姓冷的画家亲笔签名吧。仔细观察，每一幅在同样位置，都有红色小篆体的落款。

我发现，画作由上而下，由内而外，遵循着一个规律，那就是由不好看变好看，由滞涩而灵动。一墙的画，似乎记录了这个名叫冷凉的人的艺术之路。我为自己的这个小发现而惊奇不已，心情稍稍有些好转，于是，取下耳机，按动电视遥控器，收看本城最火的谈话节目《今夜我有话说》。

在电视里，我看到那个冷凉。

冷先生已是本城著名的画家，正满面春风地与主持人谈话。回忆往昔，冷先生最难忘那“一墙的自信”。他对着电视镜头说：“我在画画之初，一点自信都没有。生活也很艰难，甚至想过走绝路。后来想到小学时的一篇课文，爱因斯坦做泥凳，被老师讥笑为世上最丑陋的凳子。而小爱因斯坦却勇敢地站起来争辩，说那不是最丑陋的泥凳，最丑的在这儿！说罢拿出自己之前做得更差的那一个。”

他感叹说：“是啊，对比会让自己感到进步，在进步中就能找回失去的自信。”

记者问：“后来，你就找到一墙的自信？”

冷凉说：“是的。我在自己租住的房子玩命地画画，画完后也不拿去发表，而是贴在墙上，如果一张比一张画得好，自信就一天比一天多，最后我把墙上都贴满了，就收获了一墙的自信了。”

看到这儿，我惊呆，自己住的这间小屋，原来是“名人故居”呢。

一墙的自信给了我启示，让我找到开启自信之门的钥匙。

也就是那天开始，我凭借自己的一点点笔功，倾心投入写作，一天两三篇三五篇，写完也不乱投稿，而是，贴在墙上，感觉一篇比一篇棒，自信就一次比一次更多了。沉寂半年，墙上贴满了我的涂鸦之作，相信自己能够被接纳，便开始大胆地投稿。我的文章开始陆续地发表在各地的报刊上，生活从此有了质的改变！

感谢那面墙，它是我人生低谷的一座标杆，是我自信的源泉。我觉得，人生不是缺乏自信，而是少了那一面营造自信的墙。在我们生活跌入低谷，自信心一点点失去的时候，不妨去寻找属于自己的那面“墙”，见证自己的进步，催生人生的不绝动力——自信。

手　碑

大火是在深夜燃起的。

火借风势，越烧越旺，整个家具厂陷入一片火海，局势一发而不可收。住在厂里的 24 名工人及家属，此时，早已进入了甜蜜的梦乡，灾难来临，生命危在旦夕。

起火的大楼，是广东省惠州市一家具厂的主楼，一至三层放置材料，上面四五层住人。火是从四楼烧起来的，因为可燃物过多，火势迅速蔓延开来，吞噬了整个大楼。

他是第一个发现四楼起火的人。

在火灾面前，他没有立刻逃生，率先想到的是，要把熟睡的工友邻居们喊醒，叫他们赶快爬起来逃生。

他挨家挨户敲门，手像擂鼓棒似的，重重地击打每一个有人住的房间的门窗，一边敲，一边高喊："起火了！起火了！快起来啊——"直到里面有人答应，才去敲下一个门窗。

3 点 45 分，消防车赶到现场，消防人员紧急实施灭火。救火车不够用，附近消防队紧急增援。被大火困住的住户乱成一团，一个个大声喊救命！消防员用高音喇叭喊话，让被困的群众不要跳楼，紧急爬上顶层，等待救援。

4 点 10 分，云梯车伸向五楼窗口，救援行动开始。

4 点 20 分，顶层天台上的最后一名被困人员，坐上云梯车成功脱险。

清点人数的时候，大家发现只有 23 人，唯独他不在。

凌晨，大火被扑灭，消防人员发现了他的尸体。他还是站着的，手依然保持敲门的姿势。他是因吸入浓烟过多，窒息而死的。

他是第一个发现火情，也是最有时机逃离火灾现场的人，却是这场无情的灾害中，唯一失去生命的人。他在滚滚浓烟和熊熊大火中，用自己的手树成这个世界独一无二的最美的“手碑”。无字的碑文，一点一滴都写满了他对他人的关爱，对生命的挚爱。在火灾中逃生的这 23 条生命，永远记得这座手碑，并将永远敬重他！

让我们记住这个年仅 28 岁的从四川来广东惠州打工的小伙吧——蒋志贵，一个用年轻的生命和无私的爱树起一座不朽“手碑”的人。

虚无的木桩

于丹老师是国内电视界著名的策划大师，那一年，她担任一新锐时尚杂志的总策划，而我正是这家杂志的编辑。那次，她来社里讲学，给了我们最前沿的思想理念，也送给我一根虚无的木桩。

当天晚上，社里宴请于老师，编辑部所有编辑记者都来作陪。菜还没上，大家竖起耳朵听于丹老师讲话。和白天不一样，她三言二语就把全桌的人给逗乐了。就在我们爆笑过后，她提出做一个有趣的游戏，希望我们编辑能来一个配合一下，主编冲我一笑，把我点将上台。

于丹老师让我靠在墙上，把一根木筷竖在我跟前，说："你双手展开手掌相向，把筷子'夹住'，但不要碰到它。然后，你双手离开，再恢复原位，'夹住'它，重复动作 30 下。记住要闭上双眼，不能碰到筷子，成吗?"

我合上眼试了一回，太简单了，说："没问题。"

的确，要做这样的动作一点儿也不难，双手呈夹状把筷子"夹住"，再移开，再"夹住"……肯定不会碰到筷子的。我闭上眼睛，游戏开始，大伙一起数数。我在黑暗中做着简单的动作，越到后面，同事数数的速度就越快，而且忍不住地大笑。

终于做到 30 下，我睁开眼睛，手执筷子的于丹老师早回到座位上去了。黑暗中，我一直担心双手会碰到“木桩”，其实它压根儿就不存在。因为动作太夸张，难怪大家都在笑我。

这么多年过去了，我总会不自觉地想起那根“木桩”，每当想起时，就觉得有许多根“木桩”曾经横在我的人生路上。

当时，由于某行业集体不景气，我所在的省里唯一某行业技工学校也跟着滑坡。我总担心发不出工资来怎么办，单位倒闭了怎么办，忧心忡忡，满脸疑云。形势发展很快，在我工作的第四个年头，学校只招收到区区 50 名学生，而全校教职工有 130 多名，怎么了得？我最怕改革改到自己头上，革了岗位，是不是要回老家农村种田？没了饭碗，那不是天塌地陷了嘛！因为那场还没有到来的“地震”，我惊恐万分，明月清风不在，心头只有阴霾。

有趣的是，天还没塌下来，我已在那家杂志社做编辑，尽管有些稚嫩，但已迈出了可喜的一步。当时所有担心和惧怕，只不过是人生的木桩而已，没有成为真正的拦路虎，倒是落下了可笑的把柄。

因为前途不明朗，我处在人生的阴暗期，小心翼翼地探寻光明，一路探去，丢了自信，抛了觉醒，只会毫无目的地走下去，就像当年在黑暗中茫然地重复着几个单调的动作。上帝作为看客，他不由自主地笑开了，那是在嘲笑。

一根虚无的“木桩”遮住生活美好，隐去了乐观和豁达，留给生命的只是无尽的黑暗和阴冷的潮湿。

和“不要为打翻的牛奶哭泣”一样，我们不要让明天的雨淋湿今天的心情。抛开忧伤，丢掉绝望，大胆地朝前走，你就会发现横在那里的“木桩”是虚无缥缈的，人生路上，只有笑声才是真正的好伙伴。

爱的纸阄

那年暑假，我南下深圳，在宝安一家建筑工地找到一份扎钢筋的活儿。和我一起干活的大都是四川人，他们说说笑笑，让我这个寂寞的江西人时不时地想起伟人邓小平幽默风趣的讲话来。

扎钢筋是既费力气，又得掌握技巧的活，我迟迟没掌握到诀窍。四川小伙子邓子奇是个老手，手把手地教我如何做事。由于工作上的关系，我俩渐渐成了好朋友。

邓子奇的女朋友就在工地附近的一个电子厂上班。她休息的时候，就会来工地找邓子奇玩，时间久了，我和她也熟了。

她最喜欢玩抓阄的游戏。每次吃完饭，她就向邓子奇撒娇："咱们来抓阄，谁抓到'洗碗'谁洗碗！"然后，她就冲我说："秀才，帮我做两个纸阄吧！一个洗碗，一个不洗碗！"

邓子奇的手气总是不好，老抓到"洗碗"。每次抓完阄，他的女朋友都高兴得手舞足蹈，还不忘叫我一起来分享她的快乐："秀才，把你的碗拿来，让邓子奇洗！"

这天，我突发急性肠炎，住进了医院，在病房输液。当我感到极度孤独的时候，邓子奇的女朋友推门进来了。她是唯一一个来看望我的人，让我感到十分温暖。

她说："秀才，我说你明天准能好，信不信?"

我说："没那么快吧!"

她笑了，说："要不你来抓阄。"

当我从她小巧的手上抓起一个皱成一团的纸阄，心情特别紧张，拆开一看，露出一个歪歪扭扭的字：好。她拍着巴掌，说："噢，你明天会好!"

我出院的当天，工地上出了事故，邓子奇摔成重伤，送往医院抢救。他躺在病床上，脸色惨白，眼里流露出极度的恐慌——那是人急切想活下去的本能反应。

他女友安慰道："你别怕，你会没事的。要不，你来抓个阄吧。"她背过我去，认真地做了两个纸阄，送到邓子奇面前。邓子奇抓起其中的一个，展开一看，是一个"好"字。他的女友兴奋异常，拍手欢呼，这个时候，另一个还没展开的纸阄飞到我的手上。我走到一旁，小心地拆开，也是一个大大的"好"字。我莫名地为一个女孩可爱的伎俩感动得半晌无话。是啊，这个纸阄已超出了一般意义上的纸阄，它上面承载着沉甸甸的情与爱。

没过多久，邓子奇就转回四川治疗去了，我再也没见到他和他那个喜欢抓阄的女朋友。他的身体到底有没有恢复，因为断了联系，我没得到任何确切的消息。但我坚信，他一定会好起来的，因为他从他女朋友手里抓到了一个好阄。

人生大小年

老家村口有很多棵柿树，葱葱郁郁，蔚然成林。春来柿花飘飘，秋至硕果累累。

每家每户都有三五棵柿树，一棵百年树龄的大树，往往十几家共有。最热闹要数天高云淡的秋日了，村里人几乎全部出动，钻入柿树的林子，摘取诱人的柿子。那时候，柿树叶子纷纷下坠，剩下的稀疏叶片，已遮挡不住黄灿灿诱人的柿果了。

在柿树上，大人一边摘果，一边隔树聊天，最常见的语气有两种，一种是欣喜式的："啊！今年树上的柿子真多，是大年呢!"另一种感叹式的："哎！今年是小年啊！柿子太少了!"我不懂什么大小年，有一次就问父亲：不是年二十八是大年，年二十七、三十是小年吗？怎么柿子过大小年？父亲笑了，解释道："柿子的大小年，不是过年的年，而是指年份。大年产柿子多，小年的柿子量少，一般来说，柿子的大小年都是间隔着来，一年大年，一年小年。"我的问题又来了："为什么会这样呢?"父亲说："柿子树年年高产，那不要累趴下？小年，就是它歇息的时候，缓过劲来，大年一到，产量就猛增。而且柿子也格外甜。"

离家已有十多年了，故乡的柿子树渐成梦境，而"大小年"之说，已在浪荡岁月中，获取了无数佐证：大山有山峰和谷底；大海会涨潮退潮；月亮初一亏十五盈；数学上正弦曲线有正负两个极点；历史上君王在战后往往采取“休养生息”的政策，就是让百姓在“小年”之中发展壮大起来……

而我偏偏忽视了自身，总是埋怨甚至愤恨自己怎么不如去年，怎么再也达不到过去某一年那样的峰巅？抑或，在某一方面不能达到顶尖级的水平？与朋友聚谈，做生意感叹生意没有以前好做了；当教师的老觉得学生一代不如一代，教书成就感远没有过去的多；做IT的更加激愤，以前做一个小网站都能成就亿万富豪，现在不是千万富翁别想搞网络……在迷失和迷茫之中，我们是不是遗忘了一个质朴的道理，万物哪怕卑小如一棵无言的柿树都知道按大小年份来开花结果，更何况万物之长的人呢？

想起一代文豪鲁迅来，他在用笔作匕首与黑暗斗争之前，只是教育部一介普通的政府职员，没有震惊四方的大作问世，也没有提出什么振聋发聩的政治见解。在人生最不得意的低潮期，他每天除了上班，就是逛书店，抄古碑。几年的平静如水的生活过后，鲁迅受邀为《新青年》杂志写《狂人日记》，人生轨迹迅即转变，进入高潮时期。

是呵，低潮后面连着高潮，高潮过后，必将迎来人生的低潮——这就是“人生的大小年”吧。高潮时，得意但不要忘形；低潮时，悲叹但不可悲观。这是大小年景里，应有的人生气度与姿态。

厚积而薄发的道理，我们都明白，可是，一旦身处必须厚积的时候，往往牢骚和悲观紧随着我们。在人生低潮中，充实自己，丰富自己是我们唯一的选择。任何埋怨之言，消极之举都只会延长低潮期，让“小年”变得那么漫长而难挨。

挺过低潮，前面就是亮光闪闪，锣鼓阵阵的人生高潮。这时，我们收获的人生果实，也会像大年景里的柿子那样，分外的香甜。

和爱在一起

“在一座荒岛上，你最想和谁在一起?”这道题是某电视节目主持人出给嘉宾的。

一个女嘉宾回答：“我最想和我的男朋友在一起，早上牵手吹咸湿的海风，中午在浅滩上快乐地踏浪，黄昏，倚在男友的怀里，看太阳一点点地坠入大海，好浪漫啊！一旦出现什么危机，男友还可以保护我……”

另一个嘉宾说：“我想带我儿子在身边，让他体会到生存的艰辛和生命的孤独。这样一来，他对人生的感悟就会更深一层，迅速到达知性和理性。”

最后一个嘉宾最有意思：“我最想和海豚在一起。烦闷的时候，我就教海豚顶球，可好玩了。恐惧的时候，我就抱着海豚，滑滑的，多舒服啊。实在是厌烦了岛上生活，我就让海豚把我驮回陆地……”

在我看来，这三种答案分别代表了浪漫、教化和快乐，对于一个人而言，这是三个重要的人生元素。

看了这个节目，我细细琢磨，真是被这道题给难住了，一时半会儿，想不出要和谁在一起。不过，我不会让我的妻子来荒岛上体验浪漫，这是恐慌之滩，而不是浪漫之都；更不会让未来的儿子到此地增加感悟的知性和理性，极度的荒凉会把他仅仅有的一点知性和理性赶跑的。当然，我也不会选择和海豚在一起，人鱼不通情，指望它带来快乐，不过是海市蜃楼罢了。

我确实不知道选择和谁在一起。困惑之际，妻子给了一份答案：“我会选择和老公在一起。”她的理由是：婚姻就是一座荒岛，夫妻二人互敬互爱，耕织度日，建设锦绣家园。总会有一天，荒岛变成花园，这就是爱情的魅力。母亲听后，也接了茬：“你要是误入荒岛，我就来陪你，帮你找吃的，为你赶蚊子……”

刹那间，我有了一个明白无误的答案：在荒岛，我最想和爱在一起。

百年契约

有位慈父，一天到晚在土地上辛勤劳作，希望能给孩子们幸福生活。经过努力，他成为富甲一方的农场主。那块地丰饶肥沃，面积很大，边界是陡峭的悬崖，崖下河水清清。

一次，父亲把最小的儿子带在身边，到庄园里去巡视。孩子才5岁，见什么都新奇，趁父亲不注意，就溜到园子里一个人玩开了。中午时分，父亲四处寻儿不见，心慌气躁。傍晚，他终于发现了儿子——可怜的孩子坠入危崖，已经溺水身亡。

遭遇如此不幸，他简直要发疯了。为了能够天天“看见”儿子，他在庄园里垒了一个小坟冢，每天黄昏步行到墓前，伫立在风中忏悔。

这一年是公元1797年。

几年后，他家道中落，不得不转卖自己的庄园。当时，他对买主提出了唯一的要求：“请您务必写入契约：我儿子的墓必须作为土地的一部分，永远不要毁掉。”

墓地上野草青了又黄，黄了又青，多少年过去，土地的主人换了一茬又一茬，百年流转，孩子的名字都流失了，但是，孩子的墓在一张张契约的保护下，完好无损。

一百年后，这块风水宝地被政府圈定为格兰特将军的陵园。纽约市政府遵守墓地的契约，依旧保留孩子的坟墓，而格兰特将军就安置在他的身边。格兰特将军是美国第 18 届总统，南北战争时期的北方军统帅，这样英武的将军，历史的风云人物，死后竟与一个无名孩子毗邻而居，不能不算世界奇观。孤独百年的孩子，与伟人做伴。

1997 年，时任纽约市市长的朱利·安尼来到格兰特将军陵园，隆重纪念将军逝世一百年。与此同时，作为土地主人的代表，朱利·安尼市长亲自签约，承诺让无名孩子的陵墓永远存在，并把这个故事刻在了墓碑上。

一份普通的契约能够维持两百多年，不能不让人感叹。道理很简单，我承诺了，就一定做到。

当今社会，有人曾开玩笑说，除了亲娘和自己的年龄是真的，其他的你都得提防是假的。的确，当失约变得稀松平常，当怀疑淡漠成为必备的社交常识，当诚信成为遥远的海市蜃楼，当一诺千金渐渐成为传说，墓地的一纸百年契约，分明向我们证明着什么，怀念着什么，也呼唤着什么。

墓地的新主人完全可以毁约，将土地辟为他用，谋取更大利益，但是，他们却一代一代地遵守着契约，将诚信的火把坚定地传了下去。他们相信，诚信是自己的第二生命，是将自己从庸碌人生提升出来的阶梯……

把爱传给妹妹

来找他的人很多，不过，分分类，也就那么两种人，一种是商人，另一种是妹妹。这么大的一间公司，商贾云集，络绎不绝，那是理所当然，凭什么会有那么多妹妹出入其间呢?

有一个问题，作为公司老总他也没法搞清楚："我究竟有几个好妹妹?"同样的问题，不少朋友也无数次问及："你究竟有几个好妹妹?"他付之一笑，笑容里深藏着外人无法捉摸的幸福，那是他心里涌起的泉，一滴滴，温热如初春暖阳。

尽管有那么多好妹妹，在心里，他永远记得那个没能熬过十六岁的亲妹妹。那是灵魂里永远的痛。

那时家里很穷，妹妹只能穿他剩下的衣服，长衣长袖，宽宽展展，像是从戏里走出来的古典女子。妹妹在学校老是因为穿衣问题被人嘲笑，回到家里，哭着闹着，要换新衣。俗话说"哭闹的孩子有奶吃"，可妹妹的哭闹不但没要来新衣，反而要招来父亲的一顿暴打。声声哭喊，总让他揪心地难受。

20岁那年，他考上大学，妹妹却积弱成疾，住进医院，家里刚好凑齐他读书的钱，哪有能力负担妹妹的医药费?书误了，可以从头再来，而妹妹的命只有一条啊。一急之下，他离家出走，只身来到省城一家服装厂打工。初入社会，他只是一名小工，搬搬布料，送送货，每天辛苦却没几个钱。

半年后，他把自己挣来的700元送回家，妹妹却在坟茔里头，只有荒草一堆与他对视。那个穿他旧衣，活泼灵动的小妹妹永远离他去了。妹妹就这样淡出他生命的轨迹，只留下酸涩的回忆，让他苦嚼。

一次，他在工休期间，读到一双忧郁的眼睛，那是“春蕾女童”贫困榜上无助的女孩的眼睛，一遍一遍，让他情不自禁地轻念出声：“妹妹！”他把自己的钱拢了拢，剩下一点生活费，其余都捐助给春蕾女童。

由一名普通的打工者变成一个公司老总，随着不断成长不断进步，他的“春蕾妹妹”越来越多，及至自己数也数不过来。

来公司找他的妹妹大都是学业有成，来回报他的，而他只给前来的妹妹们指了一个地方——他故乡的后山，希望妹妹们到自己妹妹坟前插一枝野菊花。有时，他会开车带妹妹们去上坟，看看自己的熟睡多年的妹妹。

秋去春来，野菊花香浓香淡，花盛花枯，渐渐的野菊花枯枝如挺立的标杆，像是竖着一面面写满思念与爱旗。

有记者问他：“当初你那么苦，自己非常穷，为什么会考虑捐助‘春蕾女童’呢?”

他说：“我也说不清楚。有一点是可以肯定，我想念我的妹妹，太想了。我妹妹受了太多的苦，就像那些‘春蕾女童’一样。我不想让悲剧重演。”

记者又问：“有人曾封你为爱心天使，政府也授予你献爱心先进个人，你怎么看待这些荣誉呢?”

他笑笑说：“我不是天使，献爱心也谈不上。我认为我只是把爱传递下去，我的妹妹无法接收到我传过去的爱，所以，我希望天下更多的妹妹们能够接收到。不错的，此生我最感荣幸的是我不知自己有多少个好妹妹，她们在自己的人生旅途中会记住我这个哥哥的！我不希望所有妹妹都来回报我，只愿她们将自己心中的爱继续传递，哪怕是传给自己的父母、丈夫或孩子。”

在电视上听到他这番话，我的眼睛为之湿润，是啊，扪心自问：“我究竟有几个好妹妹呢?”或者，我把自己心中的爱妥妥当当无私无欲地传递出去了吗？爱不是施舍一般地献出，更不是投入产出表中的回报率，它是以一种插花的心情，平平静静，无声无息地传递。

把爱传给妹妹，传给我们的亲人，甚或触手可及的每一个陌生人，哪怕是一句温暖的话，一个关爱的眼神。每一次传递，这个世界便多了一枝野菊花，繁花遍野，每一阵风吹过，朵朵花瓣都将摇曳出一段沁人心脾的美来。

有一种爱叫相互温暖

高二那一年，他被检查出患有白血病。家里拿不出为他做骨髓移植的钱，只能定期带他到医院做化疗，做维持性地治疗。

几次化疗之后，病情像陡坡上的滚石，迅急下滑，不可控制。他仿佛看见地狱之光，冷冷照亮生命的心头。是啊，没有多少光阴属于自己了。冷，成了他心底唯一的状态。

花季少年，谁不想好好活着，而他知道自己没有这个权利了。活着，将一点点远离自己而去，顽固的方向，没有任何更改的机会。

最为伤悲的是父母，唯一的儿子，是他们心中永远的天堂，而天堂坍塌，那将是多大的悲哀啊？他已无法替父母减少一丝伤悲，心里的冷，已让他连说活都成为稀有。

在医院里，他认识了邻床的一个女孩，她身患再生障碍性贫血，也是贫家莫奈何的烧钱的病。冷从她眼神的每一寸光透出，仿佛紫水晶折射的蓝光。同命易相怜，他俩惺惺相惜，心凑到一块儿，便成为无话不谈的朋友。和她不一样，他来自农村，若不是因为病，城市和乡村横着一道深深的沟壑，怎么也跨不过去。而现在，因为心冷寂如灰，反而成了这世上最相知相怜的朋友。

她家早已贫困如洗，父母被拖累得失去人形。她想一死了之，让父母从这泥潭中抽身而退。每每这时，他就会握住她的小手，陪着她默默流泪。一同走在生命的尽头，让他们像亲人一样，相互搀扶，相互安慰。

坠入冰冷之中，他俩顽强地用目光和话语烘烤对方的心。在生命行将谢幕的时候，是爱，点燃最后一把火，照亮漫漫暗夜，温暖两颗冷寂的心。

他俩点燃的爱被敏感的记者捕捉到，不久，这对在人生荒寒之境相互取暖的少年，照片被登在报纸上，境遇被电视台播出……他对记者说："我是在最心冷的时候遇上她的，长大了，我一定要娶她！"她对着镜头说："我从他的眼神里、话语中获取了生命的温度，是病让我们走到一起。如果有那么一天，我一定会嫁给他！"

那种生命绝境里的取暖，感动了这个城市，爱心拳拳，如雨霖纷纷落在这对苦命的孩子身上。

不久，他们在许许多多陌生人的支助下，完成了造血干细胞移植手术，终于看到头顶无垠的蓝天。生命的旅程还有那么长，那么多幸福有待去开创。

记者再一次采访这对花季少年，无限感慨；有一种爱感人至深，那是生命的相互支撑，那是命运低潮期的甘苦与共，那就是在我们冰冷的时候，相互温暖。有一种爱，是相互温暖，那是绝境中至美的世界，更是凡俗之中的我们最动人的生命感动。

愿每一种冷漠都被温暖取代，愿每一种困苦都在幸福的驱赶下悄悄溜走，愿世上每一个人都用温暖去孵化爱心与奇迹。

让火箭飞得更高

1964 年盛夏，中国第一枚火箭在一个大漠中准备发射升空。关键时刻，火箭出现了故障，被迫推迟了点火。

这时，年轻的中尉军官王永志找到设计师，提出："泄出 600 公斤推进剂，也许就行了。"设计师想，这想法太幼稚了，哪有动力越少，火箭飞得越高的道理？于是，他断然拒绝了王永志的建议。

后来，王永志向著名科学家钱学森反映：箭体的重量直接影响到射程，泄出一些推进剂，不就等于减轻了箭体的自重么？这样一来，火箭不就可以飞得更高吗？钱学森认真听取他的建议，当即拍板："我看这个办法行！"

不久，大漠一声巨响，火箭发射成功了！

多年以后，王永志成了中国载人航天工程的总设计师。

什么方法使火箭飞得更高？泄下负担！与此同理，什么方法让人走得更远？丢掉包袱。就像年轻的王永志那样，丢掉包袱，大胆设想，大胆建议，只有如此，才能脱颖而出，抢占先机，从而走得更远。

我们要背上理想、道德、进取心以及吃苦耐劳的品质等必要的"推进剂"，然后，大胆地卸下不切实际的梦想、自私心以及好逸恶劳等沉重的包袱，这样，我们才能像火箭那样飞得更高，走得更远，看到更多的人生美景。

穿透夜空的手电光

尹丹从小就向往在沙漠旅行，茫茫戈壁，漫漫黄沙，成了她梦想的天堂。大三的那个暑假，尹丹与同班的两个男孩一起踏上西去的列车，雀跃上路。

在敦煌，尹丹很讨厌旅行手册上提醒的注意事项，那过于拘泥、刻板，束缚她投入沙漠的天才设想。两个男孩理性一直占上风，一再劝说尹丹，为安全起见，还是照通常的方式为好。

这天黄昏，尹丹趁男孩们出去买东西，向旅馆借来一把六节电池的手电筒，怀揣一柄尖刀，头裹一块围巾，毅然向沙漠走去。她沿着一条潺潺的小溪向腹地挺进，边走边唱，欢快至极。

夜幕降临，天色由深红变成绛红，继而深蓝、墨蓝，星子布满天空闪闪烁烁，像童话里的公主。四周漆黑一片，伸手不见五指，更可恶的是，天凉如水，沙冷如霜，尹丹衣裳不足御寒，牙齿不住地发颤。她用尖刀从四周挖来一堆锋利且坚硬的一种沙漠中独有的蕨类植物，用围巾引火，燃起一小堆火取暖。她一边烤火，一边领略沙漠的静谧，欣赏星空的热闹，悠悠心醉，浑然不觉身外的恐怖。

两个男同学循光找到尹丹，见她一副优游的样子，异常恼怒。

一个说："你不怕渴死?"

一个说："你不怕冻死?"

一个又说："你不怕凶狠的豺狼?"

一个又说："你不怕沙漠平移?"

尹丹无畏地说："我不怕，我有手电。"

两个男孩这才发现一柱手电光穿透夜空，直刺向茫茫无边的黑暗。他们搞不懂，手电筒与危险究竟有什么关系，手电能抵住身边的危险?两个男孩被她这幼稚的想法逗乐了，忘记刚来时的恼怒。

毕业后，尹丹走进陌生的单位门，事事不顺手，天天不顺意，情绪低落下去，意志消沉下去，整个地换了一个人，像霜打的茄子。父母干着急，拿不出对策来，亲友煞费苦心，也毫无办法。事情传到那两个男孩那里，他们深表同情，同时各自用独特的方式安慰她。

不久，尹丹收到两封挂号信，拆开一看，都没有署名。一个寄自纽约，只有一句话："我不怕，我有手电。"另一个寄自海口，只有一幅画：漆黑的夜空，一束手电光刺向高远。尹丹愣了好半天，深深为同学的真情，为自己少年的张狂而感动，蓦地，一束强光照亮她阴湿的心空，强烈地震撼她的心灵。

她开始振作起来，直面无情的挫折，直面惨淡的人生，勇敢地蹚过岁月的险滩，迎着焦风苦雨前行。

多少年来，那个沙漠的夜晚一直在她灵魂的深处留驻，给她力量，给她勇气，成了她人生不可或缺的精神之源。

沙漠中，人离不开手电，失败时，人少不了精神。别让黑暗蒙住你的眼睛，挡住你前行的路。请抓牢你的手电，顺着手电光的方向，勇往直前，生命必将精彩。

笨鸟展翅源于励

孔祥东出身于一个贫寒家庭，母亲是煤气公司的职工。寒冬腊月，家里没有取暖设备，母亲就给他用盐水瓶灌一瓶温水取暖。很小的时候，孔祥东已显示了音乐天赋，家里没钱买钢琴，母亲就在一张白纸上画黑白琴键，整出一个钢琴模型。就着这台纸钢琴，他开始了人生钢琴之旅。

考入上海音乐学院附中之后，孔祥东的钢琴天赋被家庭贫困冲销了，在班上一点儿也不算突出，成绩名列倒数第三。

初二的时候，有"疯老师"绰号的范大雷先生教孔祥东那个班。范先生见孔祥东比较消沉，把他召到办公室，让他照琴上的谱子弹一遍。孔祥东不明就里，照着乐谱，使出浑身解数，弹奏起来。手止乐停，余音不绝。范大雷先生认真点评："总的来说不错，技术上没问题，乐感也还好。你没必要老是愁眉苦脸。弹琴要笑，在心里笑，就像阳光照进屋子。"孔祥东头一回听到老师给自己这么高的评价，心里别提多高兴。

他问范先生："怎样才能弹得更好？"

范大雷没有正面回答他，而是讲国际钢琴大师霍洛维斯的故事给他听，告诉他霍洛维斯每天要弹 12—14 个小时。孔祥东不信，弹这么长的时间，吃得消吗？

范大雷先生用挑衅的口吻对孔祥东说："不信你试试，说不定你就成了中国的霍洛维斯。”

试试就试试，孔祥东在范老师的激励下，由学变为勤学，由练变成苦练。当年冬天，上海湿冷的天气让人着实吃不消，而琴凳上的孔祥东头发被汗水濡湿，内衣被汗珠沾湿了。他终于相信了霍洛维斯的练琴时间，因为，他已连续练琴长达 15 个小时。

后来的事不用说大家都知道了。1985 年，17 岁的孔祥东在全国钢琴比赛中获得第一名的好成绩。次年，在莫斯科和西班牙，同时荣获国际钢琴大奖。在荣誉面前，孔祥东自称是“笨鸟先飞”。

古人云，笨鸟先飞早入林。显然，谁先跨出一步，谁就离目标近了一步，就比别人早一点成功。笨与不笨，那是谦虚的说法，关键是，这只“笨鸟”为什么会先飞一步？孔祥东的人生历练让我们看到，欲飞振翅之际，范先生的激励给予不绝的动力。范大雷先生在肯定了成绩之后，直接把自己的学生和国际一流的钢琴大师相提并论，激励孔祥东像霍洛维斯那样勤练苦练。这一激，把孔祥东激成一位当代中国的世界级钢琴大师。

普天下之鸟无不想尽早飞入林中，然而，因为没有鼓励，而缺乏动力，因为没有激励，而没了目标，叫它如何展翅？千鸟于飞，有良师固然好，没有良师，那就自己给自己鼓励，自己激励自己。一旦先于他人展翅，就可以抢先一步入林，趁早呼吸成功的气息。

笨鸟展翅源于励，这一励，重千钧，值万金啊。

大树底下好阳光

有一句古话传了千百年：大树底下好乘凉。我们苦心孤诣找到一棵大树之后，乘凉成了唯一的享乐，延伸为生活的第一要义。就在我们躺在大树底下好乘凉的时候，宝贵的时光悄然滑过，怡人的人生风景不幸错过，留下岁月的痕迹，空自蹉跎。

李开复费尽千辛万苦出国留洋，考入美国卡内基·梅隆大学，导师是著名科学家罗杰·瑞迪。罗杰·瑞迪是美国总统特别顾问委员会信息委员会成员，“图灵奖”获得者，师从这么一个实力派科学家，成为他的研究生，李开复不可谓不幸运。换句话说，真是找到一棵枝繁叶茂的“大树”啊。他无须出类拔萃，只要混过研究生毕业，打着师从导师罗杰·瑞迪的牌子，那还不是各大公司的“抢手货”？大树底下好乘凉嘛。

然而，李开复并没有在大树底下解扣乘凉，合眼安眠，而是在大树的荫泽下，发奋学习，刻苦钻研。他一头扎到计算机语言识别系统的研究当中去，潜心研制，立志有所作为。研究进行到关键之处，李开复对导师罗杰·瑞迪的方法产生怀疑，公然拒绝了这位世界级顶尖计算机大师的指导，决定按照自己的方式行事。他向导师力陈自己的观点，坚定地说：“我想这么进行，而不是你所主张的那样。”罗杰·瑞迪说：“我不同意你的看法，但我可以支持你。”李开复是幸运的，因为“大树”自有不一样的大树风格和气度啊。

李开复按自己的路子走了下去，罗杰·瑞迪一如既往地给他提供最好的机器和最新的资料。有心人，天不负，李开复顺着自己的方式往前走，研究终于有了重大突破，语音系统的识别率从原来的 40%提到 80%。直到今天，全世界所有语音识别的研究都是在他开拓性工作的基础上进行的。

大树底下不仅是好乘凉，更有好阳光。在研究受阻的时候，李开复为何敢于向世界级顶尖大师叫板？可以肯定的是，大师身上散发着阳光，更重要的，李开复心中有阳光。

我们可以仰仗大树，我们可以依赖阴凉，但是在心中一定要预留一个位置，让阳光照进来，驱逐懒散和消沉，激发斗志和信心。

心中有阳光，人生才透亮。

一次难忘的测验

读大学的时候，教思想品德课的刘先生最受班上的同学欢迎，因为他不搞考试，而是以一两篇论文定总评成绩。刘先生的课生动有趣，他喜欢用名人故事、凡人心事来诠释深刻的思想命题，图解深奥的品德规范。他还巧妙地利用课堂机会，讲解一些做人的道理和处世的方式，这对于面临毕业，即将踏入社会的学生来说，无疑是重要的涉世探路石。

以前的思想品德课，充满了枯燥乏味的术语和千篇一律的个案，早已冷却了学生年轻的热情，束缚了学生活跃的心灵。相比之下，故事与心事则彰显了楚楚动人的魅力，赢得大家一致的推崇。刘先生的课，学生听得认真，记得仔细，一贯上课睡觉的也不睡觉了，一向上课看小说的也不看小说了，挺胸抬头，屏息凝神地听讲。

最后一堂课，刘先生一改往日的做派，不再要求写思想、时评论文，而是进行一场别开生面的书面测验。

测验开始了，刘先生面带微笑将试卷发到每一位学生手中。试卷上的题是这样的：

思想品德课测验题（限时五分钟）

1. 请认真读完试卷；

2. 请在试卷右上角写上姓名、学号和班级；

3. 请写出五位政治课教师的姓名；

4. 请写出五条政治标语；

5. 请写出五个全国劳模；

6. 请写出五个法定节日名称；

7. 请写出五位外国政治家；

8. 请写出五个首都城市名称；

9. 请写出五本中国古典名著；

10. 请写出五本外国文学名著；

……

49. 请写出你五件难忘的事情；

50. 请写出你五件珍贵的礼物。

学生们拿到试卷，匆匆扫了一眼，一个个都瞪大了眼睛，这种题目对他们来说还是头一回见到，虽说答案随便，但题量大，时间紧，便深感不好作答。有些同学看杂志看多了，觉得这题目有点似曾相识，便埋头细想杂志上是怎么说的。原来，某杂志有篇文章，说是一家公司招人出了一道跟这几乎是一模一样的题目，而它最后一题要求只需做第二道题，即写上自己的姓名等。他们回想起来了，感到非常兴奋，翻过来倒过去地看，却没有一句提示只答第二道题的话，不禁有点糊涂了。

时间一分一秒地过去，有一种说法在私下里流传：只要写上自己的姓名、学号和班级就行了。离限定的五分钟近了，有人起身交卷，教室开始骚动不安。有的写了不少答案，这会儿，却一笔一画将答案涂掉，只保留第二道题的作答。

试卷交上去，全班的答案如出一辙，只写了第二道题，其余只字不动，动了的也一一涂掉。

刘先生收完卷子，临走的时候，对大家说："我知道有不少同学看了杂志上那篇文章，所以大家的卷子就答成一样，像是一个模子里套出来的。这反映出，你们听信他人，没有自己的主见。明知我的试题与他们不一样，还是牵强附会地学他们，又说明少部分人不老实。到今天为止，你们的思想品德课结束了，没有人再会像老师那样给你们讲思想品德课了。不过，我想说的是，步入社会以后，一要有自己的主见，二要老老实实做人。尽管做到这两点会有困难，但一定要为之努力。否则，你的人生再风光，也是失败的，不真实的。人生的一两次失败是无碍的，但我们需要真实，而不要浮华的风风光光……”

十几年寒窗苦读，经历大小测验无数，唯有刘先生的测验一直埋在心里，在我失意迷茫的时候，深深地把它记起。

第五辑 无风絮自飞

一个人未来的好坏，在于今天是否努力，但如果生搬硬套过去的经验与方法，无异于荒诞的刻舟求剑。

沉湎过去，躺在过去的功劳簿上，自然会失去内在推力，任你怎么使劲，难免沦落到一事无成的尴尬之境。

无风絮自飞，飘散弥天时，飞出了自己的节奏，自身的韵律，自由的路线，那是世上独一无二的姿态，正如一个个不念过往，打拼未来的你。

楼梯，贴上“开门大吉，出行大利”之类的大红春联，以及招财进宝、年年有鱼之类的年画。正月初一，人们早早起来出行，手提一挂长长的鞭炮，点燃，一路狂奔到村前池塘边，烟锁村，声震天，那是一个村庄对春天的呼喊，是投递在村庄上空的邀春的信函。

爆竹声声，把关在牛栏里的水牛逗得不能自持，哞哞哞地叫个不停，不知不觉也加入喊春的队伍。主人把牛牵出来，试饮春江水，在它后面，出其不意，燃一挂小鞭炮，吓得牛高抬四肢，远远看去，像是在跳一支稚拙的春之舞，可爱至极。

春来水鸭最开心，爆竹声歇，它们在水里嘎嘎嘎地叫个不停，像是有人在水里放鞭炮似的。“春江水暖鸭先知”，鸭子们不甘寂寞，轻轻划水，吊起嗓子喊，表达自己内心的快乐。

静夜里，叫了一秋一冬的小虫虫们在呱呱叫唤的青蛙面前，败下阵来，羞得少言寡语起来，躲进土里，静静聆听青蛙喊春。躁动的春夜，漫天蛙鸣衬得越发寂静。

暖阳下，桃花火烧云一样，大人静静赏，孩子们尽情嬉，捡起一片落在地下的花瓣，开心地喊叫：“桃花，桃花开了——”一声喊叫，桃花笑，于是，红的红，白的白，粉的粉，竞相开放。春天暖融融，花前月下大地上，人们情不自禁地去脱去厚厚的冬衣，轻装迎风。

田野里，农人站在田埂上，撒播种子，站在地垄上，翻土施肥，稻种落水哗哗作响，锄头触地嚓嚓有声，那是农人站在春天喊出的希望之声。

最是美妙读书声，城乡处处，孩子们边走边吟咏，或坐或立，或静或动，摇头晃脑，捧一本书，朗朗有声。那是喊春中最动人的旋律。

风筝悄无声息飞起来了，迎风招展；鸽子咕咕叫也飞起来了，舒筋展翅；燕子叽叽喳喳地飞来飞去，衔泥做窝……各式鸟儿，在风里振翅，在雨里歌唱。

天空不空，春色有色，有风有鸟有走兽，有辛勤的身影，有孩子的笑喊，大人的呼唤。呼着唤着喊着，春来了，又去了。春像舞台上花枝招展的姑娘，踩着细碎的步子，款款而入，彩袖当空舞，转转，扭扭，翻翻，袅袅娜娜，像一只舞蝶，悄悄隐退。

春光好，春光美，盼春喊春春不留，恰如一江春江水，从冬流过来，滔滔东去，往夏奔去，一刻也不停歇。“一天之计在于晨，一年之计在于春”，喊春喊来美好，更要惜时如金，懂得发奋。空气里的灼热，让人有些消受不起了，风里传来了第一声蝉鸣。

春来春又去，大地换新颜，杜甫诗云：“天时人事日相催，冬至阳生春又来。”

从喊春，到留春住，就一刹那。

墙 花

堵，不仅仅是修饰的墙的量词，更是墙与生俱来的使命。一墙之隔，世界大不同——繁华与苍凉，喧哗与落寞，自由与禁锢，温暖与寒寂……好似针尖对麦芒，水火难相容。墙内墙外，就像小国寡民，鸡犬之声相闻，老死不相往来。

不惧水千重，山万座，却忧有墙横亘其中，将你我分开，把世界阻隔。只要在路上，一步一个脚印，跋山涉水，哪怕再远，总有一天能抵达，是为天涯咫尺。一堵墙，把梦想和世界隔断，无奈和冰冷充塞通途，天堑难涉，成为咫尺天涯。

有首歌唱得好，“到不了的地方叫远方”，远方之所以远，只因有堵墙，有形的，无形的，实实在在地隔着。

墙内墙外，花开花败，两个不同世界。

欣喜的是，这个世界，还有一堵墙洗心革面，跳出墙之本性，没有隔离人们，反而缩短人与人之间的距离，让心贴得更近。

这是一面友善墙，靠近我，温暖你，是它对这个世界质朴的表达。

不知什么时候起，有人试着在墙上涂鸦，以海蓝、天白、浅粉、深橙、草绿和猩红等诸色打底，简简单单的三两线条，显得枝条蓬勃，白鸽飞翔，明窗透亮，像是开在墙上的花。

墙花朵朵，在伊朗城乡各处，一一绽放，像一片片闲云落入凡间，顿时变成仙境。

墙花美，美在坚硬的花托——是墙面上的挂钩、衣架和铁丝条，也是挨墙而放的简易桌椅和小柜，还是靠墙而立的冰箱。

寒风肆虐，这个冬天伊朗特别冷，人们冒着严寒，自动自发，把衣服挂上墙，让有需要的人自由取用。有人特意把衣物从家里拎过来，挂上去，也有人下班后，路过，直接脱掉身上的大衣，挂在墙上，就像回到自己家，把衣服挂到衣帽架上一样，自然随意。起初是衣服，后来品种越来越多，鞋子、帽子、袜子、围巾……所有的御寒品，都能在此觅其芳踪。为了人们取拿方便，甚至还有人专门往墙上挂手提袋，用心之细，可见一斑。

风雪无情人有爱。大家只有一个愿望：不让无家可归的人受冻挨饿。

陆续又出现了水果、盒饭等吃食。埃利·海得利先生是一家广告公司的老板，为了把爱顺利地传递下去，特意买了一台冰箱，挨墙安放。据说，这是友善墙边第一台“爱心冰箱”。人们纷纷把食物往里放，让有需要的人自行取食。

墙边，还有书的位置。人们把读过的书，或者特意去书店新购一些书，放在这里，供人免费拿取，自由阅读。

墙花美，最美在花蕊。挂钩上的衣物、冰箱里的食物和随意堆放的书籍，成了墙花别致的花蕊。

爱，通过衣食的传递，让人在无忧的空间里，感受人间的温暖；通过书页的翻动，让人在精神的世界，感知灵魂的馨香。

施者善行，受者懂得。给予是自然，无人发动，更无强迫，获取只是所需，不多拿多占，只愿意让爱传得更广，更深，更远。

一面墙，让所有人和所有人诚心相待，和谐共存；

一面墙，让任何人与任何人自然沟通，友好共处。

世上有一种花叫墙花，它的花语是——“如果你不需要它，请离开它；如果你需要，请带走它。”

墙花不艳，也无香，却让人感到世间的温暖，让有需要的人感受到尊严。

藏技于身

母亲老了，喜欢念叨过去，回忆往事。

有件事一直鲜活在老人家的话茬里。那时家穷，我们姊妹又多，饭勉强吃饱，菜却成问题。夏天来了，母亲一早焯一盘空心菜，一人一小碗分好，让我们做早中餐的下饭菜。吃完早餐，我们各自藏自己的菜，留待中午，一扫而光。然而，偏偏我暗自思忖，中餐过后，还藏着一点，准备吃夜饭的时候，再拿出来。

结果菜馊了，只好倒掉。

对此，我记忆不深，但母亲心心念念的事，大体不会有误。印象如月，时明时晦，虽说记不得空心菜，但我对母亲藏的发饼，一直记忆犹新。

儿时，正月拜年流行送两样礼物，一包冰糖，一双发饼，收礼只收冰糖，那发饼原样退回，也许是暗合“有送有余情义长”之理吧。有时，拜年回来的路上，我控制不住，掰发饼吃，大过年的，母亲也不会说啥，含笑默许。只要发饼顺利回到家，母亲就会藏进米缸。那样一来，甚至大热天，我也能吃到只有过年才能吃到的发饼。

一碗菜，一块饼，让我养成藏与掖的习惯，保存至今。

藏也好，掖也好，率性而为，悠然心会。

我珍藏了父亲一身戎装的英武照，收存了姐姐和我小时候穿过的棉袄，我的各种荣誉证书，发表作品的样报样刊，来往各地的火车票、飞机票，余钱存入银行……五花八门的各种藏，视为日常。

秋收，冬藏。人弃，我赏。

这个散发着浓浓的小农气息的举动，套印在我的生活模式里，像是新世代的活标本。给女儿买好零食，规定好一个量，剩下的藏好，留着慢慢吃。誓把藏，传承下去。

有位同学，医学院毕业后，分配在县城医院当医生，年轻时，我们走动频繁，知道他对工作相当不满，一肚子怨气。医生工作累，经常加班，有时抢救病人通宵达旦，熬得人都老了很多。那时，他最大梦想就是当院长，那样，就不必辛辛苦苦诊治病人。

有段时间，没和他联系了。时过境迁，一晃，人届中年，有一次，去县城医院看望一位熟人，居然，在病房里与他偶遇。看来，他还是老样子，做着医生，不知他那一肚子怨气被岁月消磨了没有。然而，熟人吃惊地望着我俩，问我："你和李院长认识？"没等我开口，我同学抢先回答："那是当然，我们是老同学。"

看来，我判断有误，他不再是一名普通医生，如愿地当上了院长。问题来了，他当年不是讨厌诊治病人吗，怎么当上院长，还要坚持工作呢？同学的回答，让我陷入沉思。他说："年轻时不懂事，只想贪图轻松，不想行医。现在才知道，我存再多钱，不如将精湛医术藏在身上，走到哪也吃喝不愁。这是任何人也夺不走的真本领。"

想起熟识的一位中学校长，与同学李的想法有异曲同工之妙。身为校级领导干部，公务繁忙，本可不上讲台，但他坚持每周要上几节课。他说："哪怕当再大的领导，教书也不能丢。这是永远的饭碗。"

突然开悟：藏什么都不如藏技在身。

偶读到这样一句话："历史总冷静得恐怖。它静静地看着你做每一件事，种下每一个因，一步一步走向注定属于你的位置，得到属于你的一切，然后再冷静地把属于你的果一个个摘给你。”换个说法——与其藏金于屋，不如藏技于身。藏金于屋，金会消散，藏技于身，技伴终生。

藏是因，不同的藏法，会得不到同的结果。《周易》有云：“君子藏器于身，待时而动。”怀才有时像怀孕，到了一定时候，自然为人所瞩目。

风格与水平

1

2015：西班牙。坎塔布里亚。

一场公路自行车赛正如火如荼地进行，选手们你追我赶，好不热闹！最后冲刺，意外发生了——32 岁的车手伊斯梅尔·埃斯特班的自行车突然爆胎，此时，距离终点线才 300 米！骑行已不太可能了，无奈之外，他扛起赛车，一步一步，坚定地走向终点。紧随其后的是 37 岁的选手奥古斯汀·纳瓦罗，只要他保持现有速度，轻轻松松就能超过埃斯特班，夺得铜牌，但他被对手埃斯特班永不言弃的精神深深打动，故意放慢速度，尾随其后，直到终点。

埃斯特班和纳瓦罗，一前一后越过终点线，现场响起雷鸣般的掌声。

2

2011：南昌。莱茵幼儿园。

每天下午五点，我都会准时接女儿回家。女儿不乐意了，恋恋不舍，拉我去园内小操场玩。迷你塑胶操场上有个不到二三十米长的小小跑道，女儿要和我比赛跑步，我乐呵呵地站在跑道的起点，比比画画，准备妥当，我夸张地高喊：“预备——”女儿接着喊：“跑！”父女俩快乐出发，向终点奔去。我边跑边给女儿喊加油，颇有节奏感。我抬高腿，加快节奏，迈的步子却没几寸宽。

跑到最后，当然是女儿率先到达终点，赢得胜利！

3

1989：东乡。马圩中学。

念初二，语文老师饶怀中先生对我十分器重，为激励我好好写作，在班上公开宣称："陈志宏同学作文写得好，是当作家的料！"在20世纪80年代，这样的话，对一个爱好文学的孩子来说，那该是多大的鼓励呀！学校举行作文竞赛，每班派三位代表，饶老师指定我参加决赛，觉得我一定能在全校比赛中夺冠。然后，班上组织一场严格的预选赛，选出一男一女两位同学，陪我一起走进比赛现场。

结果戏剧性的却是，原本作陪衬的他俩，分获一二等奖，而我这个种子选手，偏偏名落孙山。

4

赛场如战场，有输有赢，依靠个人水平，外加一些运气，夺金牌，争荣誉；赛场不是战场，需要风格来提升格局，增加格调。有比赛的地方，自然会有人喊出响亮的口号——赛出风格，赛出水平！现场评委和观众透过选手的水平来欣赏比赛，看到竞技之美，又通过风格来感悟比赛，感受人的胸襟与情怀。赛场需要水平，更呼唤风格。

坎塔布里亚公路自行车赛颁奖仪式上，埃斯特班欲将荣誉转赠给纳瓦罗，但遭到了婉拒。纳瓦罗表示，自己不会在快到终点时超越一个爆胎的对手，那样取胜是不道德的！幼儿园的跑道上，我能轻松胜过女儿，结果每每取胜的是女儿，只因她冲到终点，取得胜利，那开心之态，得意之笑，让我永远难忘。全校作文比赛上，我惨遭滑铁卢，也许太过紧张，导致发挥不正常，客观上，算是发扬了风格，让位给陪衬选手……

水平是比赛的生命，形成焦点和看点，但仅限于水平，任何比赛都将失之大格局，缺乏人文风景。每一场赛事都需要用风格打底，让人性之光照耀全场，让胸怀和水平在赛道并驾齐驱，从起点一直到终点。

比赛结果的冷，可以被善良之心捂暖，名次再无情，如有风格支撑，一样温柔多情。

电梯不可戏

我的办公室在27楼，每日都得乘电梯上下楼。有一次，电梯停电，从一楼爬上来，累得眼冒金星，差点就口吐白沫了。才知道有电梯多好啊。从此，我打心眼里喜欢电梯能正常运转的上班岁月。

也是那次停电，很多同事却是另一种心态：真倒霉，居然没电！他们把满腹的牢骚都撒在停电这个事情上，而没有把好感投放给正常运行的电梯！不过，想想也是，电梯只不过是一种方便人上下楼的机器而已，对它有或者没有好感，没有谁会去较真，更不会有人来追究，电梯更是无从白你一眼，抑或，冲你一笑。

机器就是机器，只是为人所用，为人控制，是人的附属品，一切都听人的。直到亲眼看见了一场灾变发生后，我才对这番论调产生动摇。

那天下班，27楼的同事们收拾东西，关好门窗，陆陆续续赶往电梯口。电梯下行，在27楼停了，随着嘀的一声叫，门开了，我和一批同事先行进入电梯。门即将关闭的时候，一同事来不及按电钮，急忙把手伸了进来，电梯门自动反弹。再次关闭，又一同事以同样的方式抢进电梯，然后，不忘感叹一句："下班高峰，电梯难等啊！"

她正说着，走廊里一男同事叫住她："帮我按住电梯！"她按着开门键，然而晚了，电梯门还是向两边合拢。走廊里的男同事急不可待，把手上的书伸进即将关闭的电梯门里。怪事发生了，这一回，电梯门没有被弹开，而是夹着书本强行关闭，然后下行。一本好端端的书被挤压得稀巴烂！

突如其来的一幕，把电梯里的我们都惊呆了。幸好是本书，要是一双手，那可就完了！等我们缓过神来才明白，电梯门遇物自动反弹是有限度的，否则，它将按照自己的意志行事。

此事引起大楼物业部门的高度重视，电梯管理员特意在各层电梯口贴了告示，告知大楼上班的员工开启电梯一定要按电钮，而不是伸手进去以期电梯自动弹开，如果赶不上这一趟，就等下一班。告示归告示，大家一忙起来，就把它忘在脑后，为抢时间，在电梯门即将关闭时，照例伸手进来……

因为亲眼看见了那一幕，我再也不敢贸然行事。由此，我深深地懂得一个理儿，电梯是不可调戏的，一次两次，电梯也许会原谅你，次数多了，它就会以残酷的方式来惩罚每一个调戏者。

我们都知道，世上每一个人，哪怕是弱智人士，都是有人格的，都有其不可侵犯的尊严。人同此心，心同此理，世界上每一样东西都有物格，同样是不可调戏，不可侵犯的。你向河流倾倒垃圾，河流会报复你；你向森林举大刀，森林会惩罚你；你向小草伸出践踏的双脚，小草会向上帝控诉你……

人要常怀敬畏之心，向身边每一样有物格的东西致敬，人更要长盈喜爱之感，喜欢并关爱身边的每一样东西。如此一来，每一样有物格的东西就会向整个人类致敬，互敬互爱，才会像电梯那样，上下贯通，永续美好！

冬天莫砍树

一个八岁的小女孩父母离异，把她抛下不管，自顾自地到城里打工。可怜的女孩哭干了眼泪也没用，灰头土脸地流落四方。走了很远，女孩被一个好心的老婆婆收留，那时已是冬天。老婆婆年纪已高，身边无儿无女，独自一人过日子。

从此，一老一小相依为命。

冬天没柴火，老婆婆领着女孩去山林拾枯枝。山林里的树光秃秃的，没有叶子，光光的枝干显得毫无生气。女孩背着柴筐，在一截树干前，挥刀向树干上三枝瘦小的“枯枝”砍去。

老婆婆叫喊：“莫砍树，莫砍树，冬天莫砍树！”

话没说完，“枯枝”应刀而落。

老婆婆说：“冬天的树落了叶子，看上去像是死的一样，其实还活着。树在冬天是睡觉，你一刀砍下去，说不定它就活不了。所以呀，冬天莫砍树，晓得不？”

女孩不语，使劲点头。

老婆婆说：“既然你把树砍了，也就算了，以后记住就行！”

那截树干，是老婆婆春天请人嫁接好的柿子树。她早就想要一棵长甜柿子的树，可小女孩一刀结束了她的梦想。老婆婆并不气恼，因为，她知道女孩正处在“冬天”，不能骂更不能打。

这个故事有一股暖人心的力量，于细微处深深地打动人。

“冬天莫砍树！”多么平凡的一句劝慰语，连孤苦伶仃的老婆婆都能把它说得字正腔圆，明白流畅。正是这一句，包含深远的哲学意义和博大的终极关怀。它体现了对生命的尊重，对自然的珍惜。

善良的人们，请记住老婆婆的话吧——

冬天莫砍树！

有想法的人

中国青年朱兆瑞3000美元环游世界，轰动一时，很多人都觉得不可思议。不过，闻者大都感叹一番，也就没了别的想法。偏偏有一位河南的老太太对这事产生了浓厚的兴趣，决定用300美元来游历美国。这一想法吓倒了一大片人，老太太不懂英语，年纪这么大，盘缠又这么少，能行吗？老太太管不了那么多，坚持自己的想法不动摇。

在办签证的时候，她这样回答美国的签证官："我只想做一名驴友，背个包到你们美国去转转。"签证官觉得她是一个有想法的人，有个性，顺利给她办了签证，并祝福她在美国玩得开心。

到美国之后，不到一个月，300美元快用光了，老太太的想法又来了：到唐人街找活干。她挨着店铺，向一个个华商介绍自己，一位台湾生意人留她照看小孩。赚到一笔钱后，老太太继续游玩。就这样，一边给华人做工，一边游玩，老太太走遍了美国，签证到期后，手中的300美元还变成2万美元。真可谓，玩到了，又赚到了，双赢。其实，这正是机遇对有想法的人的最高的奖赏。

机会无处不在，成功时时在招手，有想法的人通过自己的思考，总能与机会率先握手，聆听到成功的先声。3000美元游世界，许多人都知道这事，不过，知道也就知道，仅此而已，不会对此产生什么想法。河南的老太太对此产生想法之后，竟然有了这么一个让所有人闻之羡慕的结果。

有想法的人总能在某一领域抢占先机，发掘宝藏。爱迪生对电器有想法，所以成为一代发明大师；法布尔对昆虫有想法，所以有《昆虫记》流传于世；贝多芬对音乐有想法，所以《命运交响曲》等作品彪炳史册，感动世界；詹天佑对铁路有想法，所以中国第一条铁路京张线居然有“人”字形的构造；古代有嫦娥奔月的想法，所以当今便有了神五飞天的奇迹……

你可以偷懒片刻，可以低头做事，可以怨天尤人，可以志得意满，但是绝不可以没有想法。没有想法的人，即使胜券在握，也有可能会白白流失；即使平安无事，也有可能会被俗事缠上。没有想法，世上有的东西会变得没有，没有的，继续空空如也。

世界是个充满想法的世界，注定我们每一个人都有自己的想法，不断用想法刷新自己的人生履历，用想法张扬自己的个性。

做一个有想法的人，才不会虚度年华，才不会空留遗憾。

省略苦难

过年的时候，与几个小学同学聚在村头，全是城里的做派，谈营销，派名片……让我大感吃惊的是，H 已是全国一知名公司的副总经理，Q 荣登某央企五省大区经理的宝座。他们毕业才几年，不到三十岁就混到全国著名公司的中高层，究竟有什么人生诀窍？细细琢磨他们的奋斗经历，才发现他们迅速成功的原因是省略了一大部分打拼时的苦难。

再深究下去，仍有新的发现：他们在成长的时候，承受了别人未曾承受的苦难。也就是说，打拼时被省略的苦难在成长岁月里，他们曾加倍地品尝过。

H 早年失母，家境贫寒，刻苦读书成了他唯一的目标。读初中的时候，每天来回走十里地，只为省下每月 8 元的住宿费。一边上学，一边帮家里做农活，带弟弟妹妹。上高中的时候，为了省钱，一周只吃一罐腌菜下饭。考上复旦大学，那笔不小的学费，是他的父亲东挪西借才凑齐的……Q 更是苦不堪言。他的父亲嗜赌，好端端的一个家输得家徒四壁。母亲劝不住，就闹离婚。在这个动荡不安的家里，他的心灵受到极大的伤害，发誓一定要考上大学，逃离这个让他感到窒息的家。高考没考上，他到浙江打了半年工，筹齐复读费又接着再考，终于考上北京经济学院。

农村很多苦孩子都默默无闻，埋没在土地上，然而，那些特别苦的孩子，因为意志得到极大的锻炼，反而脱颖而出，走到社会的前台。苦难是他们印象最深的学堂。

相比之下，方超省略的苦难，正与我的小学同学打了一个时间差，他从小就把人生苦难给省略了。方超 2 岁开始演电影，不到 15 岁，便演了《清凉寺的钟声》《牧马人》等 20 多部电影和 5 部电视连续剧，成了鲜花和掌声中的童星。

然而，成年之后，他被冷落了，考北京电影学院未能被录取，偶尔有人请去演戏，也只是跑龙套的小角色。

一个人的一生，如同一环一环套起来的锁链，如果其中一环锁链改变了位置，那么整个人生都要由此而改变。在人生的锁链当中，有苦难，有进取……当你在该承受苦难，却把它省略的时候，生活会在不远的未来，安排你重新经历；当你发现别人省略苦难，一举成功，心里极度不平衡的时候，应该明白，他人在省略苦难之前，一定经受了更多的苦难。

与其被动地去重新经历苦难，不如不去省略那本该由我们承受的人生苦难。人生会因我们的积极承受苦难而大放异彩，生活会因我们积极进取而绚丽多姿。

早的断想

早是什么？最初印象是鲁迅先生刻在书桌上的那个字。

当年，父亲卧病在床，小鲁迅一边念私塾，一边还要帮忙做家务，在当铺和药铺间两头跑，成了一个小忙人。一天早晨，他上学迟到了，寿镜吾老先生严厉批评了他，要求以后要早到！鲁迅默默地回到座位上，在书桌上轻刻了一个小小的“早”字。打那以后，他再没迟到过，“早”字当头，时时早，事事早，人生因早而辉煌。

这篇课文名叫《从百草园到三味书屋》，一个“早”字，让我记忆犹新。有样学样。下课后，我用削铅笔的小刀，在自己课桌上也偷偷地刻了一个“早”字。多年后，小鲁迅成了鲁迅先生，而我还像那个玩小刀的孩子，稀里糊涂地活着。

知易行难，知易行难啊。

张爱玲说：“出名要趁早。”第一次把这句名言写入青春本子里，我正上初中，那时，爱唱歌，爱显摆，把姜育恒那首《驿动的心》唱得惟妙惟肖，情动四方，梦想有一天能考上中央音乐学院，暴得大名，光宗耀祖。事与愿违。我的音乐之路止步于乡文化站的舞台。1991 年金秋，乡文化大礼堂举办全乡“迎亚运、庆国庆”文艺晚会，我献唱两首，出尽了风头。之后，去食堂打饭，总有人在背后悄声议论，这种名人效应，让我飘飘然，很是享受。

十五六岁就出名了，也算蛮早了。时至今日，那个一唱名扬全乡的少年顶多在KTV吼叫的时候，引来喝倒彩少一点，仅此而已。

趁早出名，有用？没用？一言难尽。

早啊早，就像雾里看花，让人看不真切。

都说早起的鸟儿有虫吃，那么，早起的虫子呢？是不是注定了被鸟吃的悲剧命运？所以说，早起不是问题的关键，关键在于早起的你是做鸟儿，还是虫子。从这个意义上说，幸与不幸，与早无关，结局跟对象紧密相连。

“莫道君行早，更有早行人。”如果我们注定是幸运的鸟儿，那么早起就意味着机会，但是，当你终于有一天为机会而早起，却陡然发现前面更有早行人。俗话说得好，叫醒你的，从来不是闹钟，也不是机会，而是梦想。梦中人的梦想，能激他早起，更能激其斗志。

早梅是一朵，顶多为一枝。梅如此，人亦如是。早开的花，早行的人，总是屈指可数。

先发制人。先入为主。早，是先的邻居，早先一点，主动权握在手，晚迟一些，就只有听凭他人或者命运摆布的份了。

都知道天上不会掉馅饼的，就算天上真有馅饼落下来，只有早起的人才能捡到呀。

钟情于你的人，会请你吃大餐，时间是中午或者晚上。只有重情重义的人才会陪你吃早餐，愿意陪你走完一生，一起到白头的人，才心甘情愿给你做一辈子早餐。

早餐是如此重要。美国一家跨国公司全球招聘启事里赫然有一条：不录用不吃早餐的人。美国人认为，不能对不吃早餐的人委以重任。一个对自己身体都不能负责的人，能指望他做什么？今天，你吃早餐了吗？

早知如此，何必当初？早也有误打误撞的时候，让人后悔莫及。这哪关早的事呀，错在人身上，你判断有误，不好好检讨，怪罪于早，没有道理呀。

早是什么？字典释其本义——天将破晓，太阳冲破黑暗而裂开涌出之意，比如早晨；引申义，时间靠前，比别人有更充实的时间，等等。然而，比人早一步，光有时间差，也不一定管用。

俗话说："起了个早，却赶了个晚集。"

故乡是一把钥匙

每个人心中的故乡都是天堂般的模样，哪怕衰朽成无人的秘境，印象中依然是光鲜如初。

故乡与成长、逃离和远方等字眼密不可分。远方是成长永恒的诱惑，一旦逃离出生的家乡，一生为之牵绊的故乡就刻进人生履痕。

一生一世只生活在一个地方，缺乏区分度，无所谓他乡与故乡。

年轻时，拼尽全力，去异乡看风景，或者到他乡谋生活。背井离乡，也不知愁苦，人在天涯，也不觉疲累。

岁月老去，华发丛生，好似一棵老树站在他乡，深情回眸，遥望故乡，横生一念——回故乡去！叶落要归根，人老要还乡。

人老话多，话如一湖清水，满满盛着的是故乡。王维诗云："君自故乡来，应知故乡事。来日绮窗前，寒梅著花未?"浮世如云眼前飘，故乡犹如迎雪盛开的寒梅，一脉馨香，芬芳久，且远。

曾写过一些有关"江南"的散章，此"江南"非人文江南，也不是吴侬软语的生发地，笔之所触皆我故乡，那个生我养我名叫陈坊的江南小村。村小，又不出名，偏居长江以南一个地图上都找不到的地方，却让我为之牵肠挂肚。

回故乡，身轻如燕，在故里，心软若羽。有道是，身（心）轻上天堂。故乡是一把钥匙，于滚滚红尘中，啪嗒一声，打开了天堂之门。

无风絮自飞

曾几何时，一个人蜗居故乡陈坊，总能写出一些令自己满意的文字来。

老家宁谧，无人来扰，顿觉心神澄明，适时进入写作之境，一切都是刚刚好的样子，提起笔来，或者打开手提电脑，根本就停不下来。尤记得，2013 年，每每在老家待上三五天，都能创作出一两万字的散文、小说作品，满满的成就感。

世上好花不常开。

如此盛景往后不再有。每当困陷于焦灼之中，才思受阻，写作不顺，习惯性地抽空回到老家去，以期写出好东西来。想得挺美，结果差强人意。一次次兴冲冲开车回去，却少有心灵之章从笔端源源流出。

这是为什么呢?

也是 2013 年，意外接到了一项写作任务，列好提纲送审通过，要求两个月内交出初稿。这是前所未有之挑战，心怀忐忑，硬着头皮上。那年暑假，南昌热得很不像话，一直拒绝空调的我，就在火炉之城，挥汗码字，一天几千字的速度，不紧不慢，往前推进。累了，找朋友喝杯酒，消乏；困了，约友人去游玩，放松。

“秋老虎”余威未消，秋风浩荡天际，我终于画上全书最后一个句号，然后，煞有介事，在QQ空间里，发了一条题为《完工》的说说，隆重纪念这一历史性时刻。半年后，那本14万字的家教专著，经由山西教育出版社推出，一度成为畅销书。

以此为例，我给自己勾画未来，按照那部书的写作节奏，一个暑假，写出一本14万字的长篇小说，肯定不在话下。然而，几度春风秋雨，我的“长篇小说”依然未着一字，只是一个大大的饼，被我画好了，挂在那里。

这又是为什么呢？

要解释这两个“为什么”，其实很简单，我犯了经验主义错误，一味地用过去的方法规划未来，试图复制昨天的成功经验，粘贴在当下及未来，以期大获成功。结果呢，心里想，事不成，因为它根本就不管用。作家余华在修改《兄弟》（下部）的时候，总以为自己会像上部那样，很快进入角色，结果却迟迟进入不了状态，最后，不由地感叹：“我明白了，不能用过去的经验来想象今后的生活。”

古诗云：“不雨花犹落，无风絮自飞。”

花落与絮飞，不凭风借雨，更不倚仗过去的经验，靠的是自身的力量，自带的驱动，循法自然。风来叶自舞，雨自云间落，花开自结果，瓜熟蒂则落，水到渠成的那一瞬间，自然是唯一的法则。

一个人未来的好坏，在于今天是否努力，但如果生搬硬套过去的经验与方法，无异于荒诞的刻舟求剑。沉湎过去，躺在过去的功劳簿上，自然会失去内在推力，任你怎么使劲，难免沦落到一事无成的尴尬之境。

无风絮自飞，飘散弥天时，飞出了自己的节奏、自身的韵律，自由的路线，那是世上独一无二的姿态，正如一个不念过往，打拼未来的你。

穿过塑料瓶的风

如果我告诉你，把矿泉水瓶的底部剪掉，盖子去掉，让丝丝热风从漏空的底部吹进去，穿过塑料瓶，再从瓶口出来，就飕飕变凉了。缕缕微风，清凉舒爽。

你信吗?

说不定你会惊掉下巴，瞪大一双满是狐疑的眼睛，无声呐喊：我！不！信！

这就对了。不光常人这么想，连专业人士也有同样的质疑，国内多位专家都做过类似试验，用专业数据告诉人们，穿过塑料瓶的风，会变凉，但不容乐观。

试举一例。实验者是行家，名叫罗海军，从教于温州大学物理与电子信息工程学院。制作过程是这样的——将矿泉水瓶去掉瓶盖，沿瓶身将矿泉水瓶剪成两半，保留漏斗状。取一块泡沫板，根据瓶盖的大小，裁出 21 个小孔，将剪好的瓶子从同一个方向旋入泡沫板，并逐一固定，然后，放在窗口。21 股热风穿过塑料瓶，抵达一位环卫女工的出租屋内。一个小时后，温度计显示降温 0.6℃，比隔壁屋子低 0.4℃。

显然，效果很不明显。

酷热难耐的暑天，为什么冒出这么多专家做实验，用科学数据驳斥穿过塑料瓶的风不会明显变凉呢？

原来，是针对一则援引外媒的报道。孟加拉有一位名叫 Ashis Paul 的设计师，发明了一款厚纸板组成的“生态空调”，能将室内温度降低 5℃。他所在的公司，已经帮助 2.5 万户家庭安装了这一装置，让人们在炎夏中，觅得一方清凉。

常人也好，专家也罢，闻听这一新鲜事，最不可思议的是降温 5℃，如果有此妙处，有这不用插电的“生态空调”，那还要空调机干吗？

结果，实验一对照，发现效果差强人意，很不给力。难怪主持这一实验的温大罗老师建议大家把“生态空调”当作科学实验来体验就好了，依靠它来消暑就不太现实了。

不管人们怎么质疑，惊诧，有一点，不容置疑——风从大口到小口，穿过塑料瓶子，真的会变凉。这有据可寻。物理学称之为“焦耳-汤姆逊系数”（也称节流膨胀效应）。1852 年，焦耳和汤姆逊设计了一个节流膨胀实验，使气体在一个绝热的圆筒中由给定的高压经过多孔塞（如棉花、软木塞等）缓慢地向低压膨胀，多孔塞两边的压差维持恒定，膨胀达稳态后，测量膨胀后气体的温度通常会变冷（氢和氦除外）。空调、冰箱等制冷设施都是依据了节流膨胀原理制成的。

不信大家都可以试试，张大嘴往手上吹气，吹出来的气是热的，但当噘起嘴吹，吹出的风就有点凉。

既然有科学支撑，确有其事，为何国内诸多专家认定无法达到新闻所说的降 5℃的效果呢？依我看，是风力大小之故吧。东南亚国家，普遍靠海，夏天风大，“生态空调”的效果肯定比咱们这里好很多了。

风可以穿过世上所有的东西，帝王不能进，鸟兽不能达，甚至万物之灵的人类也无法靠近的地方，风都能与之亲密接触。穿塑料瓶的风，不仅仅是一缕凉风，更是写在通透塑料瓶里的人间大爱。

据称，在东南亚一些国家，无数贫苦大众买不起电扇、空调，面对高温毫无办法，如果随处可捡的塑料瓶能帮忙降低一些室温，对他们来说，无疑是清凉神显身。凉风来，大爱至。

花似人心好处牵

直到现在，我也无法解释，那个晚上女儿怎么会说出那句深奥的话来，像是一位深沉的哲学家。

那时，女儿刚上小学，秋后的夜晚，燥热难耐，我和孩子她妈因故大吵起来。女儿几番劝阻，无效，一个人躲进卫生间，号啕大哭，声声如冰刀，让我有揪心的疼，刺骨的寒。我适时住口，不再吵架，转而去安慰女儿。

看她眼泪一把，鼻涕一把，哭得稀里哗啦，心里真不是滋味，赶紧帮她洗脸，哄劝道："宝贝不哭，爸爸妈妈不吵了，没事了。"女儿说："上午你们跟奶奶吵，晚上你们又吵，天天就知道吵架……"

一番哭诉后，女儿突然发问："这个世界会好吗？"

事实给女儿提供了一个完美答案——这个世界会好。

第二天，我们家风平浪静，各司其职，其乐融融，头一天的吵闹被扫进历史的垃圾箱，压根儿就没有影响到今时今刻的心情。

尤记得，发出这一惊世之问的是梁漱溟先生的父亲梁济。1918 年 11 月 7 日，梁老先生对这个世界失去了信心，决心离去。出门之前，他冲时任北京大学哲学讲师的儿子发问："这个世界会好吗？"梁漱溟坚定地说："我相信世界是一天一天往好里去的。"梁济点点头，自言自语地说：

“能好就好啊!”这是他留给儿子最后的话。

这一沉重的问题像大山一样压在梁漱溟心里，为此，他开始认真思考与研究，穷尽一生之力，最终成为一代哲学家、思想家和教育家，被人誉为“中国最后一位大儒家”。

世界本无变化，春去秋来又一季，云飘雨落一轮回，变幻的是人心。

正如法国作家莫泊桑说的：“生活不可能像你想象的那么好，但也不会像你想象的那么糟。”但人们总羡慕别人的生活为何那么好，自己的生活怎么总是那么糟糕?

有个朋友，他开了一家装饰公司，生意红火，妻子贤惠，女儿听话，唯一缺憾，是没生个儿子。他是从农村出来的，生儿防老，多子多福的观念，根深蒂固。第三个女儿开始上幼儿园的时候，他三天两头劝说，甚至威逼自己的妻子，要她怀孕再生一个。

其实，逆反心理不光孩子有，每个成人或多或少都隐存于心。偏偏他妻子软硬不吃，最后，在反抗无效之后，驾车高速冲撞无人的街道……也许是上天保护好人，她寻短见未果，车毁了，人没事。见她如此决绝，朋友主动放弃，平静地与妻子协议离婚，各自解放。

一年后，他再婚，迎来自己第 4 个孩子，喜得贵子，乐翻了天。朋友的前妻自打独立门户后，再没找男人，一个人清清静静，带着三个宝贝女儿，活得逍遥自在。

世上没有解不开的结，人间没有坏透的心。正如明代大文豪汤显祖所说：“最撩人春色是今年。少什么低就高来粉画垣，元来春心无处不飞悬。〔绊介〕哎，睡荼蘼抓住裙衩线，恰便是花似人心好处牵。”花之精灵“睡荼蘼”，缠绊有情女，生生地牵扯出这段旷世奇情。

花与心，莫不是向着好处牵。

今年是汤显祖往生 400 周年，我在一篇博客上发了两个字——花·心，附上手写“花似人心好处牵”的照片，以纪念这位抚州老乡、世界级剧作家。

好是未来的关键。不管是在我们的吵闹中无法淡定的我女儿，还是被父亲逼问得压抑的梁漱溟，抑或是那个一心想生儿子的朋友，莫不是在逼仄的生活空间，实现人生裂变，生命提升，其实，一直以好引领，奔向美好未来。

我喜欢诗人食指的《相信未来》——朋友，坚定地相信未来吧/相信不屈不挠的努力/相信战胜死亡的年轻/相信未来，热爱生命。句句如花似人心，奔那一个个“好”去！

我用终于造个句

没有人能够拒绝美食的诱惑，这么看来，人人都是美食家。

遗憾的是，尝遍东西南北，我从未有过一吃难忘、打心底喜欢的食物，直到与这色香味俱佳的肉串，山水相逢结良缘。

有生以来，头一回吃到这么美味的食物，如果我是一个小学生，一定会在自己的本子上造句——我终于吃到了世界上最美味的肉串啦。

肉串是学生家长D从家里带来的，打开保鲜盒，在班上一亮相，引来孩子们争相竞食，一时间课室满是诱人的肉香。一片片猪肉用细细的牙签串好，也不知她怎么做的，吃得人口舌生香，根本停不下来！

说起这肉串的由来，真是剑走偏锋，悬之又悬。

与D素昧平生，机缘巧合，让我在这个清冷的季节，吃到了人间至味。

年初，一位作家朋友在首府首县的莲塘开设小学作文辅导班，邀我去给孩子上课，想来，既可以接触孩子们，又能将自己的写作经验传递出去，还可以增加些许收入，多重利好，真是皆大欢喜。我二话没说，满口答应下来，赶紧查资料，做课件，去上课，改作文，很快步入正轨。

在莲塘，我的作文课只上了两期，上半年一期，暑假一期，D的孩子只参加了首期，放暑假，她要出国旅游，所以没送孩子来。

上课的时候，我没跟D联系过，她也没打过电话给我，平时，她把孩子送到楼下就走了，散学后，孩子匆匆与我告别，就下楼去找妈妈。两人很少打照面，印象自然不深，倒是D的女儿给我很好的印象，她多次打电话问我问题，在作文辅导班上，这是绝无仅有的一个。辅导班总结大会上，我给她的评价是："好学，好问。积极要求上进。写作速度快，作文字数多……"

暑假开班，拿到名单，没看到D的孩子的名字，心里满是惆怅，感觉这么优秀的孩子不来，很是可惜。

转机出现在8月底，我接到一个陌生电话，问询下半年我的作文课是不是还是排在周六下午。我说，作文课停掉了，来回跑30多公里，好累，太麻烦。她说，这样啊，我女儿蛮喜欢上你的课。

来电者正是D。

开学后，我的事杂多，D也忙于工作，我们没有联系。大约9月中旬，她鼓动我在市区开个作文班，她送孩子过来让我教。不久，她拉上一帮好友，送孩子来。

经不住哄劝，我立即行动起来，租教室，印传单，拉生源……终于在10月15日，如期授课，总共6个学生，都是D和她好友的孩子。

开班那天，第一次正式跟D打照面，她一身大红裙子，满脸友善的微笑，让我甚是感动。

现在想来，如果我当时没答应我的作家朋友去上课，如果我坚持还在莲塘上课，如果D不主动打电话联系问询下半年开班的情况，如果我没有心动，不去开自己的作文辅导班……那么，我就必定和这么美味的肉串失之交臂。生活没有如果，只有结果和后果。

看来，我收获了最美的结果。

进退天地间，得失方寸心。人生中的得到与失去，难道都是冥冥之中，由天注定？我看未必！得，是缘来；失，是缘尽。

人世缘，是人生得失的总开关。

不由得，想起丰子恺那篇著名的散文《缘》。

弘一法师某年秋日云游到上海，特意到丰先生府上拜访。丰子恺把弘一法师安排在楼上住，那里有排书柜，满是绘画、音乐和日文书，只有这一本很另类，弘一法师随手一抽，读得兴味悠长。

弘一法师问他认不认得作者谢颂羔居士。谢先生是一位基督徒，是丰先生的好友，当然是认识。真是奇妙的“缘”。

弘一法师题写一横幅，上书“慈良清直”四个大字，让丰先生给谢先生送去。于是，丰先生玉成了这段旷世奇缘——一位虔诚的佛教徒和一位虔诚的基督徒相对而坐，谈笑风生。

良会之缘源于丰子恺的小孩把书拖出来当火车铁轨玩，大女儿在整理的时候，胡摆乱放，竟然将谢颂羔所著的《理想中人》，搁在最显眼处，让弘一法师随手就抽着了。

丰子恺自然地感叹道：“仔细想来，无论何事都是大大小小、千千万万的‘缘’所凑合而成，缺了一点都不行。世间的因缘何等奇妙，不可思议!”

缘来缘去缘如水。不论是弘一法师和谢颂羔的良会，还是我和人间至味的肉串相遇，都是奇妙而不可思议的良缘，操纵而成的。

啊呀呀，我又想用终于造个句——我终于体会到了因缘的奇妙了。

在能力范围外尽情扑腾

“间隔年”的流行热度还未退尽，穷游又冒出来了。所谓穷游，不是搭便车去柏林，更不是打怜悯牌，靠人施舍吃住和门票，它是在能力范围之外，尽情扑腾。没有在能力范围之外扑腾的野心和本领，最好还是死了那份心，安心找份工作，朝九晚五，也是生活的一种。

穷游，布莱克·莎维德，这个来自澳大利亚的 23 岁姑娘用自己的实际行动，给了世人一个完美的解释。她是抱持“与其执着于想清楚人生下一步怎么走，不如直接走出去，留在路上慢慢想”的态度，开心上路的。

2014 年 1 月，莎维德一毕业，就预定了一张飞往伦敦的单程机票，开弓没有回头箭，她的环球之旅，以游玩为乐的梦想生活，就这样开始了。她一叶独木舟划行在非洲赞比西河上，饱览沿河风光；登临世界最高的澳门塔，高空弹跳；奔驰在爱尔兰乡村公路上，把沿线美景，尽收眼底；回到家乡塔斯马尼亚，在著名的 Overland Track（陆上通道）上，快乐行走，在欧洲做背包客，到复活节岛访古，在南非亲近野生动物，爬智利的火山……

短短两年多时间，莎维德一个人把自己的脚印留在了世界六大洲 50 多个国家，走的路，历的险，赏的景，许多人穷尽一生也不能望其项背。

穷游到了这份上，当属世界之最了吧。细细一想，她年纪轻轻，满世界游玩，钱从哪儿来呢？如果说游玩是在她能力范围之内的活，那么，挣钱就完全超出她的能力范围了。一场场旅行，莎维德靠的正是在能力范围之外尽情扑腾，才支撑起她开心地“穷游世界”。

莎维德尝试在自己能力范围之外扑腾始于在路上第四个月，那时，假期打工挣的钱，基本花光，捉襟见肘，旅行难于为继，逼得她只好另想别的办法。她把宝押在了社交网站上，希望通过晒自己的旅行，吸引网友的目光，从而招来财富之神。

她的博客名叫“World of Wanderlust”，一路行，一路记，竟然吸粉32万多人，平均每月近百万人造访。名人效应发生了作用，博客的广告和附属链接成了她的收入来源。人气越来越旺，收入越来越多，能去的地方更多，甚至有很多代理商来找她进行旅行体验。良性循环，让莎维德渐入佳境。此后，她将自己的旅行记，整理成书，出版发行，再次受到了各国驴友们热捧，不仅收获了更多的书迷，还有一大笔钱财。

旅行归旅行，莎维德从不逛夜店，省下时间写博客，心无旁骛。能力范围之外，力本有所不逮，经不起浪费，受不了折腾，只能认真且执着地扑腾，才会有所进步，顺利抵达自己所愿之终点。

朋友J的故事和莎维德类似。他是县上的一位领导干部，和我一样，酷爱写作，但他有个弱点，在人前发言颇为拘谨，别人是“人来疯”，他是“人来封（口）”。然而，正是这样默默无言的人，居然凭借自己的才华，受邀请给一家名气颇大的作文辅导机构讲学。他的课，我去听过一次，深受震撼。他站在讲台上，落落大方，谈吐不俗，深入浅出，深受孩子们的喜欢，刹那间，我怀疑自己看错了人，这是平时那个怯场的J吗？

问他为何要讲学，他说，把自己的才能奉献给社会，又能得到相应的报酬，何乐而不为呢？深聊下去，他的一番话，令人深思：“给孩子们讲作文，对作家而言，其实是一条新路子，既然发现了，那就管他能力行不行，不逼一逼自己，怎么行呢？只有这样，才能实现自己的工作自由和财务自由！”我明白，所谓的工作自由就是有能力选择不工作，享受自由，财务自由呢，是不愁钱，随便花钱不心疼。

电影《功夫熊猫3》中师父对神龙大侠阿宝说：“做能力范围内的事，你永远不会进步！”

与其在能力范围内重复单调的日子，不如像神龙大侠那样，到能力范围之外，勇敢地去扑腾，其结果一定会像莎维德那样收获环球旅行，像朋友J那样奔走在通往工作自由和财务自由的康庄大道上！

要进步，想成功，不妨去尝试做一些能力范围之外的事。